一座城市的
饮~水~思~源

水龙吟

河南文艺出版社
·郑州·

婴父——著

图书在版编目（CIP）数据

水龙吟：一座城市的饮水思源/婴父著. --郑州：河南
文艺出版社，2023.6

ISBN 978-7-5559-1464-8

Ⅰ.①水… Ⅱ.①婴… Ⅲ.①水–文化史–郑州 Ⅳ.①
K928.4

中国国家版本馆 CIP 数据核字（2023）第 089436 号

策　　划	党　华
责任编辑	王建华
责任校对	赵红宙
	陈　炜
书籍设计	吴　月
封面绘画	田　志

出版发行	河南文艺出版社	印　张	7.5
社　　址	郑州市郑东新区祥盛街 27 号 C 座 5 楼	字　数	148 000
承印单位	河南瑞之光印刷股份有限公司	版　次	2023 年 6 月第 1 版
经销单位	新华书店	印　次	2023 年 6 月第 1 次印刷
开　　本	890 毫米 × 1240 毫米　1/32	定　价	58.00 元

印厂地址　河南省武陟县产业集聚区东区（詹店镇）泰安路

邮政编码　454950　　电话　0371-63956290

目录

序章　古井与古城

井是人类文明史上一个跨时代的重大发明。

在这之前,老祖先们"逐水而居"——人类的原始聚落散布于河岸、江边、湖畔和湿地周围,先民们以渔猎为生,这些自然水体及与其不远的丛林给先民们提供了赖以生存、不可或缺的饮用水和高蛋白食物,部落的迁徙游移也必须追随水脉的走势。江河湖泽既是人类繁衍生息的支撑保障条件,又是人类无法走向地理纵深开启新的文明的羁绊因素。

有了井,情况截然不同。"凿井而饮",人们在广袤的土地上竖向打洞挖池,以工程性措施随处获得水源,从而不必过度依傍自然水体,在居住地选择方面获得了前所未有的自由。人们手执新的工具走向远方的高天厚土,开创了新的居住和生活方式,尝试稼穑灌溉,畜养动物,收获新的生活资源,同时,因为大量住所远离了汹涌波涛、如箭激流,规避了江河泛滥时"人或为鱼鳖"的风险,减少了水灾给人类生命财产带来的损失。井和市(集市交易)的结合生成"市井",形成较大的聚落,城镇的雏形由此慢慢浮出水面。

于是,历史上最早的中国民谣《击壤歌》在中原大地上唱响:

日出而作,
日入而息。
凿井而饮,
耕田而食。
帝力于我何有哉!

最后一句的意思是:即便是帝王,也无力影响我们的生活!歌谣篇幅精短,词语洁净,节奏铿锵,意境豪迈。这首数千年前老祖先们集体创作击节诵唱的歌谣,描述了黄淮平原顺利完成渔猎文明向农耕文明转型之后人们的生存状态、生活仪程,表现了他们"不羡君王不羡仙"的自豪自信和从容愉悦的心态。细细品味,全篇的关键之处其实仍在"凿井而饮"一句——是井的发明和利用,支持了周而复始的农业生产和规律稳定的新生活节奏。

井在人类文明进程中的作用如此重要,那么,它发明于何时,发明者为何人?

在华夏文明的历史叙事中,上古时代重要的物质文明和精神文明成果都会公推指认某位同时期的圣贤坐享知识产权,或虚构一位超级英雄并给他戴上发明家的桂冠,将功劳记于其牌位之下:"有巢氏"构木为巢,发明了安全实用易于取材的木结构建筑,避免了禽兽对人的袭击侵犯;"燧人氏"钻木取火,发明了摩擦生火的技术,引领民众开始吃熟食,走出茹毛饮血的时代,于是人的智商突飞猛进;"神农氏"遍尝百草,是中医药学和中国农业的创始人;奚仲造车,仓颉造字,后稷教稼,皋陶作刑,昆吾制陶,夏鲧筑城……同样,井的发明权自然也是名花有主,不会虚置。

到底谁是井的发明者,说法是多元化的,不同的说法都有古代典籍的依据。一种说法是"黄帝穿井"(在古汉语中穿是挖掘和打通的意思,与凿同义)。此说见于《周书》。黄帝被中华民族尊为人文始祖,是"祖先崇拜"的主要偶像,人们心甘情愿把各种肇造文明的功业追记到他老人家名下。今人也愿意承续这些传说。孙中山先生在中华民国开国后(1912年)立即致祭黄帝,亲作《祭黄帝陵》文:"中华开国五千年,神州轩辕自古传;创造指南车,平定蚩尤乱;世界文明,惟有我先。"短短32个字中,非常具体地认同轩辕黄帝对原始交通工具的发明专利。三月三,拜轩辕,每年春天的郑州黄帝故里拜祖大典现已列为国家典礼。拜祖大典每年宣读的拜祖文都会陈述和颂扬黄帝的丰功伟绩:"……定都有熊,创制度量;教民耕牧,食有余粮;种桑养蚕,缝衣制裳;筑宫建室,暑避寒藏;造车作舟,道通路畅;音律器具,历数岐黄……"如此之多的创造发明,黄帝堪称民族文化的"造物主"和万能之神。黄帝大致生活在仰韶文化和龙山文化时期,那是一个华夏文明开始绽放异彩的岁月,黄帝在中原大地统一部落,建都立国,革故鼎新,带领民众进入一个大融合、大创造、大和谐的新时代,集体之策、团队之力、族群之功、时代之光都标记和辉映在领军统帅标志人物的大旗之上,这是完全可以理解的。井和其他成果同理,贴上黄帝标签,也是合乎情理的事情。

另有一种说法是"伯益作井"。此说见于《世本》,又见于《吕氏春秋》。大禹这个人物声名赫赫,大禹治水的功绩世人皆知,但了解伯益事迹的人却实在不多。大禹奉命接替父亲鲧的治水职任,总结了老爸失败的教训,调整战略,改堵为疏,长期奋战在黄河流域治理水灾的工程现场,吃在工地,住在工地,抛家舍业,据说离家八年,三过家门而不入,带领民众通过十数年的努力,分九州通九道,有序完成了宏伟的治理水害的系统工程,让无数因水患流离失所的黎民重建家园,安居乐业。其艰苦卓绝的努力、遍及九州的事功、身先士卒的精神,使他成为熠熠生辉的英雄,形成了巨大的政治权威和建立王权统治的基础。他是舜帝出色的接班人,又是中国第一个王朝夏朝的奠基人和创始者,他去世之后儿子夏启继承王位,改变了以往最高政治权力更替传承中沿袭的禅让制度,从此开始了家天下的世代。伯益何许人也?在上述过程中扮演了什么角色?简单说,伯益是舜帝和大禹王世代交替之际和夏朝初期富有影响力的人物,是大禹治水建功立业的第一助手,也是夏启继承王位的唯一潜在的竞争对手。伯益辅佐大禹治水成功荣登大位之后,还指导民众开垦荒地,种植水稻,让他们的生活有了明显的改善。他向大禹谏言,要谦虚谨慎,不能过分追求荣誉,"满招损,谦受益"这句名言即出自伯益之口。"伯益作井"这个说法符合逻辑之处在于,前面我们已经说过,井是治理水灾河患的辅助手段和技术措施,井的发明让人们有可能和容易泛滥成灾的河流保持适当的空间距离。"伯益作井"也是大禹治水系统工程的一个重要环节,尽管这个环节常常被人忽略。大禹是高度认可伯益的,认可他的德行品格,认可他的管理能力和工作成绩,所以大禹决定让伯益做自己的接班人,在自己的身后接过衣钵继承权力——《孟子》和《史记》等典籍均采信此说。伯益差一点儿就成为名列史册的一代君主。为何大禹这个想法最终落空,没能变成现实呢?典籍的历史叙事说法不一:有的说,是因为伯益不愿接班,躲避之逊让之;有的说,是因为大禹之子启德能兼备深孚众望,民望远在伯益之上,大禹弥留之际交代后事时虽然授权给了伯益,但丧礼结束后大批官吏和民众却转身去朝见启,公推启为合法君主。还有史籍记录了另外一种比较狗血的剧情,说启谋杀了伯益,启的上位是在刀光剑影、血肉横飞中实现的。不管怎么说,伯益没有名列历代君主谱牒,却以"作井"之功流芳后世,也算得上落了一个千古美名。

关于井的发明者还有一种说法,说是"伊尹教民田头凿井"。此说见于《农政全书》。伊尹出生于夏朝末期,出身卑微,母亲是采桑的女奴,养父是一名侍奉方国国君(有莘国王)的厨师,自幼在鼎鬲如阵刀俎如兵、烟火缭绕蒸汽氤氲的环境中厮混成长,以父为师学习厨艺,精于观察,善于模仿,敢于超越,勇于创新,修炼成食神级的烹饪大师,厨艺高超睥睨群伦,无人能望其项背——后世厨师界把他尊为行业之祖,代代尊崇,其祀不绝。伊尹之志岂止于此,他志向高远、心忧天下,寻找明主以推翻夏桀暴政。他以陪嫁奴隶的身份来到仰慕已久的商汤身旁,很快完成华丽转身,成为商汤的股肱之臣和国策顾问。他以烹饪之技拟喻治国之术,别开生面地阐释政治理念,"治大国若烹小鲜"这句名言记录在老子《道德经》中,因而广为传诵,追根求源,这句话实在是伊尹的原创。他留下来的《伊训》《肆命》等论述也是中国历史上首例系统的执政治国的理论成果。伊尹从厨子到宰相,从身籍奴隶到位极人臣,辅佐商汤推翻夏桀的统治,通过武装夺取政权之路,建立了"华夏第二帝国"商朝——"革命"一词由此诞生。包括商汤在内,他先后辅佐过五任商王,是名副其实的帝王之师,为商王朝的奠基、立业、兴盛、稳定各个方面都发挥了不可替代的作用,所以他被后人追封为"商元圣"——意为商朝第一圣人。"伊尹凿井"的故事,分析其来龙去脉,应当和"汤王求雨"的故事具有密切关联,两个传说相互支撑。史载商王朝刚刚建立不久就遭遇了百年不遇的持续大旱,连续七年庄稼歉收。商汤自责失德,解衣断发,以自身为祭品,在桑林中设立祭坛祷告上苍,祈求降雨以救黎民众生。《淮南子·主术训》载:"汤之时,七年旱,以身祷于桑林之际。"至诚格天,老天爷大受感动,即刻响应,方圆千里云腾致雨,普降甘霖——"桑林祈雨"之地在今天郑州辖区内的荥阳市王村镇桑园村,附近有沟壑名为汤王庙沟,有庙名为祷雨庙。当地村民对汤王故事无不耳熟能详、津津乐道——这当然是个美丽的传说,不过天人感应、上苍显灵的事终究不太靠谱,即便有那么一次降雨过程,也未必能彻底缓解灾情,何况求雨仪式不能变成常态化操作,奇迹也不会经常发生,自力更生打井抗旱才是王道。于是曾协助汤王建设宏伟都城,具有丰富工程经验的伊尹深入田间,指导众人打井取水、浇地保墒,获得可持续的抗旱效果,这就是顺理成章的事情。伊尹督阵修建都城城墙,主体项目是土方工程,需要大量取土挖壕,竖向开挖达到一定的深度,浅表层的地下水会自然涌现,这已经被善于总结经验的伊尹看在眼里,记在心头。如此说来"伊尹凿井"的故事的确合乎逻辑,并非无凭无据。

　　说到这里,你会发现一个问题:且不论以上三种关于井的发明创造的说法孰是孰非、能否成立,只看这三个故事主人公的活动场所、立功之地,无一例外,个个都与今天的郑州有关。

　　先说黄帝。史书记载黄帝诞生于有熊国,有熊国的地望就在郑州行政区域内的新郑市,距今天的郑州市中心(二七塔附近)不足 50 公里,与郑州航空港近在咫尺。横跨新郑和郑州另外一个县级市新密市两市的具茨山,是黄帝部落早期的活动场所,据说是黄帝修德振武、统一华夏的根据地。今天上山,经人指引,你会看到年代不明的大规模的上古岩画(据说这些简洁的图案化的符号乃汉字尚未成熟时期的初始形态)和石头城堡遗址,据称这些都曾是黄帝当年亲身经历过的活动场景——《庄子》《水经注》等典籍中都可以查到"黄帝登具茨山"的记载。黄帝当年亲率大军挥师北上,涉过黄河,在今天的河北省域大战神农氏部落和蚩尤部落,从而一统天下,今天的郑州城区自然是他的队伍行军、驻扎的必经场所。位于郑州市惠济区古荥镇的仰韶文化时期的西山古城遗址,是迄今发现的中国最早的版筑建筑,城址面积17万平方米,气势宏阔,城内道路、屋舍、窖穴密布,城外壕沟环绕,被称为中华第一城,亦称黄帝之城。"今人不见古时月,今月曾经照古人",黄帝曾在这里仰观星月,俯察河岳,营造城池,擘画宏图,积蓄实力,乘势而起——今日郑州不仅仅是黄帝故里,说它是黄帝部落的战略后方,说它是黄帝事业的"龙兴之地",说它是黄帝文化的核心区域,都不过分。

再说伯益。伯益作为大禹的主要助手,在治水大业中与大禹一直并肩作战,形影不离。历史文献中关于大禹的生卒之地有许多不同的说法,但高度一致没有歧义的是,他的功绩普惠九州,而主要活动则集中在中原大地,并且在嵩山脚下今日郑州行政区域内的登封地盘上形成了他的权力中心,建造了他的王都。古本《竹书纪年》曰:"禹居阳城。"《世本》曰:"禹都阳城。"位于登封市告成镇的王城岗遗址,即"阳城"之所在。郑州登封也是大禹文化遗迹最为集中、最为丰富的地区。除了历史典籍的明确记载外,有关龙山文化时期的考古发掘以及登封保存的国家重点保护文物启母阙、启母石、启母庙碑等,还有在民间广为流传的大禹故事,都构成了登封作为大禹文化中心的物证。著名碑文作家李铁城在他撰写的《大禹之碑》中写道:

大禹足迹遍天下,故国中多有其遗迹,然与登封之缘却源远流长,非比寻常:太少二室,禹妻之征;首都阳城,旧址宛然;开通辗辕,遗迹犹在;启母石畔,汉阙仍存,其他如启母冢、启母庙、五指岭、焦山等大禹胜迹星罗棋布,比比皆是,其趣闻轶事广布民间,世代相传,化风成俗,深入人心,他处无可比也。

伯益的足迹和大禹的足迹步步重叠,两人奔波劳碌的轨迹相互萦绕不曾脱离,自然他"作井"的试验场所、成功之地和普及区域,也都应该在登封暨郑州一带。

再说伊尹。伊尹作为商朝开国元勋,不但辅佐商汤改朝换代执掌了天下,还协助汤王卜选城址,在黄河之滨、嵩山之麓、黄淮平原沃野之上大兴土木,营造了宏伟的开国之都——承担商王朝首都功能长达 200 多年,包括汤王在内,前后五世十王都在这里居住履职,伊尹在城中辅佐了前五位商王——天乙(汤王)、太丁、外丙、中壬和太甲,并在这里度过了他的百岁寿诞,走完了他的传奇人生。这个城区面积超过 25 平方公里的首都史称"亳都",就在今天郑州市的中心城区之内。(顺带插上一句,前文提到的传说中的荥阳市王村镇桑园村汤王祈雨之处在郑州市西北方向,距郑州城区 10 公里左右,距离适当,貌似不无可信之处。)商朝亳都在周武王发动"二次革命"建立周朝后,主持朝政的周公旦安排二哥管叔(两人为一母同胞)在这里建立封国管国,把亳都改建为管国都邑,承担监督管控商代遗族的责任。商朝之都,变成商族之监,高明如伊尹者,也难以逆料这种惊天大逆转吧,这是后话。亳都遗址经历 3600 多年的沧桑岁月,从西周到中华民国,天灾人祸兵燹战乱,历尽劫难之后,仍有 7 公里长的夯土版筑城墙残迹存世,堪称"城坚强"。直到今天城墙还盘曲静卧于楼群簇拥与通衢纵横之间,在现代都市时空中穆然泰然,屹然怡然,参与生活,与郑州人相互守望。不少郑州市民的通勤线路中或多或少包含了"商都路""商城路""城东路""城南路""城北路""南顺城街""北顺城街"等路名,这些路名或渲染了郑州历史文化名城的氛围,或框定、标注了商都遗址的方位和规模,让远古的传说和文献记载转化为现实生活的空间秩序。有兴趣的外地游客和文史爱好者可以借助高德地图或百度地图的引领,前往现场叩访凭吊,与武汤大帝(武乃商汤谥号)和阿衡(伊尹的官称)老祖对话,也可以在东大街旁的商都遗址博物馆中观看古朴厚重的青铜鼎彝和形制优美的玉器陶器,感受商代先祖们的工艺之精、想象之奇、审美之雅、气势之雄。前些年有人曾建议,郑州人应当讲好商代故事,不要忽略伊尹出身的现代经济价值,在他中国厨师祖师爷的名头上应该借势而为,发起和主办全国性的烹饪大赛、食神大奖,让历史文化资源转化为文旅事业和餐饮业的推进力量,这建议颇有几分道理。

"黄帝穿井"也好,"伯益作井"也好,"伊尹凿井"也好,无论采信哪种说法,都可以得出同一结论:郑州是中国水井的诞生地、发源地。保险起见,至少可以说郑州是中国历史上最早出现和利用水井的地区之一。这样讲,国人当无异议。

著名考古学家、国家夏商周断代工程首席科学家李伯谦先生认为中国水井诞生于黄帝时代之前的说法是可信的。李伯谦指出(2023年2月21日,访谈者婴父、党华、李珣):上古传说和古籍上关于水井诞生时间的说法是多元化的,但我们大体可以通过分析得出正确结论。《击壤歌》是尧帝时代的歌谣,"凿井而饮"那时候已经成为先民的基本生活方式,这样看来,此后的夏初伯益、商初伊尹都不可能拥有水井的发明权。黄帝时期,中原地区已完成由游牧、渔猎文化向农耕文化过渡、对接、转型和融合,农耕技术已经成熟,水井作为农业生产、军事斗争和自由迁徙的保障设施,必然先期诞生,这是符合历史逻辑的。水井的发明和广泛使用,对华夏文明的进步意义重大,文献学、考古学都应当加强水井的专题研究。

水井作为"饮水工程"和"水利工程",一定经历了一个由初创到成熟、由少量到众多、由分散化到体系化的漫长过程,黄帝部落、伯益属从、伊尹团队在这个过程中一定发挥了普及、优化、提升的作用，功不可没，有迹可寻。例如郑州和安阳商代都城遗址中都发现了明确的井群位置，证明大量的水井对当年解决大型聚落饮水问题和支持农业生产、作坊生产的发展都占有举足轻重的地位。杜金鹏的《夏商都邑水利文化遗产中的考古发现及其价值》一文说：郑州商城内发现许多商代前期水井，平面一般为长方形，少量为圆形和椭圆形，除了通常的汲水功能外，有些井可能还用于悬挂肉食，具有食物保鲜的冷库功能——联想起伊尹的厨师经历，你会因此会心一笑吧。今天郑州市区可供游人参观的两处古井遗址，年代可以追至汉朝。在位于惠济区古荥镇的汉代冶铁遗址内，发现了西汉水井和井具，就地兴建的冶铁遗址博物馆中有相关展陈内容，有兴趣者可前往一观。位于东西大街的郑州文庙中也有一眼汉井——文庙始建于东汉明帝永平年间（公元58—75年），其时规模宏大布局严整，有殿宇廊亭200余间，占地5万平方米。虽因火灾倾毁，但之后各个朝代赓续不断复建整修，特别是前些年重金投入重整旧制，如今作为城区中为数不多的古建群落和标志性传统文化场所，备受郑人青睐，被视作支持郑州历史文化名城身份的有力佐证。2005年郑州考古研究所在文庙旧址范围内发掘出一口汉代圆形古井，上口直径0.92米，井深4.5米，井中发现大量陶瓷残片和汉代器物。今天文庙第三进院落中有亭翼然，即依照汉代古井方位、形制复建的井亭——单檐盝顶，造型俊俏，檐面如笑口常开

郑州文庙井亭　摄影:许亚松

　　郑州文庙东汉永平年间始建之时即有水井,元朝至元年间(1335—1340)知州黄廷佐重建文庙时复原水井和灶厨,当时胡祗遹撰写的《郑州重修庙学记》文中载有此事。

弯曲上扬，翼角高高翘起如小鸟挣扎欲飞，生鲜灵动。四根红色檐柱，一方青石台基，中为井栏。游人凭栏俯身而探，可在想象中看到自己的倒影。

郑州市区内有一眼明朝古井被称为御井。清《康熙郑州志》记载：

> 御井在州西门外，明兴藩入承大统，驻跸于郑，此其汲水处也。

旧志上所说西门，是指从商代至明清平面位置始终如一的古城西墙的城门。当年州城之外的青葱郊野，现在则是城市中心红尘万丈的繁华之地。明正德十六年（1521年）三月，明武宗朱厚照驾崩，因为没有子嗣，皇室和内阁选定近亲堂侄朱厚熜继承大统，史称明世宗，也就是著名的嘉靖皇帝。这个时点他正生活在湖北安陆的兴王府潜邸，北京派出浩浩荡荡的迎銮大军从紫禁城出发，跋山涉水前往安陆拜谒和迎接新皇，大队人马返京途中路过郑州。郑州知州陈塘当然知道这次接待任务的分量，全力以赴做足了严密充分的准备工作。经过认真分析，决定以靠近优质饮用水水源为选址原则为皇帝驻跸安排行宫。陈塘在西城门外选到一眼出水量大、水质清冽甘甜的水井，布置了环形警戒线，只允许新皇迎驾队伍的人马靠近，除了将井台、井栏描龙画凤、修葺装饰一新外，还精选石料在井边砌筑了既美观又实用的大型水池供饮马之用。事后这眼井被公称为"御井",水池唤作"饮马池"。因为沾了皇帝的光,这里声名大噪,被视为风水宝地。周围卜居者渐多,形成州城西边数一数二的大型村落,人称"饮马池村"。清末民初,郑州因铁路枢纽的形成陡然崛起,这里临近火车站,很快形成繁华街市。棉农、棉商选择在这里交易,迅速形成了国内知名的棉花交易中心。民国改元之初,占地60亩的郑州历史上第一个大型商场"郑县商场"在此开张,一时客商云集、观者如堵。20世纪20年代,"饮马池"已经由一个村落符号,扩展演化成一个区域的名称。这个区域北到正兴街,东到福寿街,南到兴隆街,西到二马路,其中聚集了数十家棉花行、货栈、仓库、旅店、转运公司,各地棉花在这里吞吐集散,交易情况备受国内棉纺行业关注。100年过去,沧海桑田,城市易容,当年的御井和水池早已不见踪影,但"饮马池"这个历史地名和前朝旧事仍然被郑州人娓娓道来。这是一个因为一眼井而发展起一片城区的典型案例。

郑州市旧城改造之前,南大街一带有条小街叫作"官井巷",亦得名于明朝。当时这里有一眼由官府出资开凿的全城最大的水井,服务半径在城中首屈一指。民国时期有人在小街前临大路开办了一家大型盐店,连批发带零售,生意兴隆,声名大噪,郑州人喜欢随机应变、与时俱进,这条街旋即改称盐店后街。旧城改造摧枯拉朽,后来就没有后来了——井早没了,街名也不复存在,收纳进了"历史地名"名录。

老城区有一眼清代水井,既留存于公众记忆,又见诸碑刻文字,位于管城区砖牌坊街——街道得名于一座乾隆皇帝敕建旌表贞女烈妇的青砖牌楼。这是一条始建于元朝时期的古街,那时候它有一个很文艺的名字叫"梨花巷",宁静的小巷深处曾经种满了梨树。"梨花院落溶溶月,柳絮池塘淡淡风",这样的街名自带幽香雅境,进入这样的小街,宜款款而行,宜曼语轻声——这条街上的古井,据《重修井泉碑记》所载(石碑立于清道光十一年六月),凿成于雍正十二年,即公元1734年。远近许多街巷的居民以及城外商号都在此汲水而饮。这口井水源旺盛,深丈余,井口五尺见方,井台由青石铺装,可容六七人同时放绠取水。这口井因水质清澈甘甜,久有"甘泉"之名。民国初年郑州城区划分区片,这一街区因井得名,被命名为"甘泉镇"。新中国成立后城市基础设施现代化水平逐步提高,20世纪60年代自来水供水管网全面覆盖老城区,古井被废,填平夯实后,上面盖起了房子。

"凿井而饮"是继"逐水而居"之后影响大型聚落布局和延展的新的动力机制,支持了渔猎文明向农业文明的成功转型,但是,当工商文明的曙光愈来愈近、照临城市生活的时候,它开始显得疲软无力,难以为继。我们在回忆郑州城市饮水史的时候,也许有一种不无自豪的语感和心情,但是很快,我们不得不涉及后续的苦涩而无奈的历史记忆。

因为缺乏资料,所以很难精准确定郑州城市饮用水水质恶化的转捩点,但可以肯定的是,在清朝末年清廷倾覆之前,郑州人每天饮用的井水大部分已经严重变味。古城墙之内和因开通铁路形成的城市新区范围内数十眼水井多数水质不良,发苦发涩,有的甚至咸如海潮,无法饮用,老百姓怨声载道,统称其为苦水井。究其原因,不一而足。晚清河南学正蔡新形容郑州"郑于豫为通衢,车轨四衢,地多潟卤",可谓言简意赅。20世纪初随着铁路枢纽的形成、交通优势的显现,城市居民和流动人口遽然增加,小型工商业、服务业亦开始遍地萌芽,由于缺少必要的公共卫生设施,排泄物、废弃物和各种生产生活垃圾的产量成倍增长,得不到及时处理和迅速转移,污水沟、垃圾堆、臭水坑、粪便场随处分布,严重污染了地下水浅水层,此其一也。其二者,老城之内地势多变、马路不平、沟壑遍布,贯通城区的熊儿河、金水河河道窄浅,每遇天降暴雨则河水顷刻夺路而走,城中处处水乡泽国,一些街道甚至每每出现木筏摆渡、涉水出行的景象。大雨如注、积水如潭,妨碍交通,更倒灌水井,加剧了饮用水的污染。事后老百姓清理现场,常常从水井中捞出黄树叶、烂菜帮、破裤衩、臭鞋垫,还有一些死猫腐鼠和家禽鸟雀等小型动物的尸体,人们一边收拾一边大爆粗口,但谁也不知道究竟应该迁怒何人。其三者,老城区水位较高,土地原本碱性较重,长期浸渍,硝碱泛出,更增加了井水的异味。——郑州至今有地片名称曰硝滩(亦有硝滩社区基层组织),即当年郑州人取土熬制硝碱之地,按今天的街区框定四至,大体为南至东大街,北至城北路,西至北大街,东至城隍庙,纵横方圆约 50 万平方米。《乾隆郑州志》和《民国郑县志》都记载这里曾有一条小街叫作"硝滩胡同"。从清代到民国初年,这片白茫茫的盐碱地旁居住着一批城市贫民,以就地取材熬制硝碱为业。他们刮取地表不断生成的硝土,用淋水池沉淀和排除泥灰,用晾晒法和煮沸法提取提纯结晶体,制成的硝盐可供工业和鞭炮行业使用。制硝虽获利微薄,却是一个成本低、投入少,靠抛洒汗水就能换取吃食的稳定营生。土中取硝,竟然能够形成一个行业,可知当年郑州城区土地的盐碱化达到了怎样的程度。

郑人饮水,甘苦自知。这样的时代这样的环境,生活在郑州古城中的许多大清子民和民国国民,只能留存下苦涩的体验和辛酸的故事。

第一章　苦水与苦茶

清光绪二十七年(1901年)11月8日,慈禧太后和光绪皇帝来到郑州,在郑州州衙的院子里住了两天。他们母子此行,既不为游山玩水而来,更无意巡察地方民情政务,他们是在结束逃难之后、回銮京师途中在此作短暂歇脚逗留的。1900年6月八国联军侵入中国打进北京城,慈禧太后、光绪皇帝仓皇出逃避险,途经山西一口气跑到了西安。第二年9月清廷被迫与侵略者签订了屈辱的《辛丑条约》,中国从此沦为半殖民地半封建社会。洋人撤兵危局缓解,太后老佛爷这才把悬着的心放回肚里,带着有名无实的皇上和众多扈从赫赫仪仗,取道豫冀两省归返北京。离开郑州州衙前夜,懿旨开恩允许百姓沿街恭送御驾瞻仰二圣尊容。第二天喜欢看稀罕凑热闹的郑州百姓密密麻麻跪在东大街两侧和东城门外,目送圣驾一路向东朝着开封府方向绝尘而去。瞪大眼睛的老百姓从太后惊魂甫定的眼神中和皇上蜡黄憔悴的脸颊上没有看到光,没有看到神采和信心,他们看到的是孱弱、侥幸和焦虑。

这就是郑州上一个百年的世纪初场景。

慈禧太后和光绪皇帝住过的郑州州衙,位于今天的商城路西段,现为管城区委区政府大院。据明《嘉靖郑州志》记载,州衙始建于唐武德四年(621年),占地70余亩。五代、宋、金、元时期屡遭毁损,至明朝洪武年间(1368—1398)时任知州开始在原址上全面复建,其中有正厅五间、后厅五间、幕厅五间、仪门五间、东三房十间、西三房十间,钟鼓楼、架阁库(档案馆)、囹圄(牢房)以及知州宅、同知宅、判官宅、吏目宅等一应俱全,周围另有布政司、按察司衙门和养济院等官办社会福利设施。明朝末年李自成农民军攻进郑州,对州衙实施了颠覆性破坏。到了清朝,历任知州前后接力,力图恢复旧制。为迎接慈禧太后、光绪皇帝圣驾驻跸,时任知州李元桢费巨资对衙署进行修葺粉饰,改造一新,虽然仍未达到极盛时期的格局,但钱没有白花,终究焕发出回光返照的光彩。这时候的郑州州衙,仪门之前耸立着台基高大的钟鼓楼和"承流宣化"牌楼,门前左右蹲踞着两座高约两米的石狮子,威武而呆萌;仪门内有戒石亭,亭内巨石镌刻着颜体大字"尔俸尔禄,民膏民脂;下民易虐,上天难欺!"——这十六个字由宋太宗亲自酌定颁行天下州县作为官戒,而后又由明太祖宣旨定为官箴,时刻提醒大小官吏严守心防,奉劝大家照看好自己的乌纱帽。大堂上悬挂的匾额上书"远宗遗爱"四字——"遗爱"出自孔夫子对同时代郑国执政子产的评价,子产又称"公孙侨",是史上名相、依法治国的先驱、中国成文法的首创者。孔夫子听到子产去世的消息曾大动感情涕泗横流,感叹说子产其人乃"古之遗爱",称他是有古风的圣贤。郑州市区当年为郑国北鄙,系子产封地,是子产经常居住的地方。这一点常被郑州官吏和文人士子引以为荣——悬挂这个牌匾,寥寥几字,既牵出了历史故事的头绪,又标榜了政治理念的源流,堪称画龙点睛之笔。州衙二堂称"平政堂",取政治清明平顺之意——《荀子》曰:"故君人者,欲安,则莫若平政爱民矣。"州衙东院有"退思轩",取意"进思尽忠,退思补过",是图书阅览之处。衙署后花园有候月楼,候月赏月乃传统休闲文化中的清雅之仪,临水建楼,专为官员及其眷属悠游盘桓之用,圣驾驻跸时早已荒废。郑州州衙依制而建,在全国同级同类衙署中,谈不上豪侈,也算不上寒酸。

光绪三十一年(1905 年),杭州人叶济来到郑州,住进了州衙,在这个院子里一住就是 8 年。

叶济,字作舟,浙江仁和县(民国初与钱塘县并为杭县,今属杭州市区)人,举人大挑一等出身。他携带家眷由浙入豫,多年辗转,先后担任邓州知州、安阳知县、太康知县,因政绩卓异擢拔为郑州知州,走马上任,成为这里新的主人。在应声出迎的陌生的属吏们簇拥之下迈进门槛时,他没有想到他命中注定会是郑州的末代知州。

叶济是郑州近代史上一位连接清朝与民国两个时代、承前启后使之无缝对接的人物。1911 年辛亥革命推翻清朝,民国创始,改朝换代,百事待举。革命党并没有培养一支自己的干部队

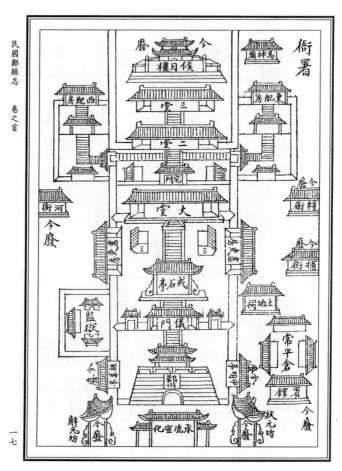

郑州衙署　资料来源:《民国郑县志》

伍,各级地方政权的行政人员无法更新,新政权只能留用旧官吏。民国元年(1912年),民国临时大总统袁世凯布告天下:

现在共和国体业经宣布,世凯忝膺组织临时政府之任,力小荷重,深惧弗胜。窃念政府机关不容有一日之间断,现值组织临时政府,所有旧日政务,目下仍当继续进行。庶政方新,百端待举,全赖群策群力,互相匡济,务以保全治安共维大局为要务。在新官制未定以前,凡现有内外大小文武各项官署人员,均应照旧供职,毋旷厥官。所有各官署应行之公务,应司之执掌,以及公款公物,均应照常办理,切实保管,不容稍懈。倘有借端规避旷厥职守者,不独违背官规,抑且放弃国民义务。切愿在官诸君子,共懔此意。

袁世凯布告的口气,差不多类于央求。清末地方官吏大部分留任,形成鱼龙混杂的人事格局。这里面既有庸吏、污吏,也有能吏、廉吏。一些人抱残守缺,在忠君事君的政治伦理、行为规范中难以自拔;一些人顺应潮流转变观念,在新的政治体制中有所作为。叶济属于后者。民国二年(1913年)临时大总统袁世凯废除清代州府建制统一改制为县,郑州改为郑县。叶济由末代知州因而成为首任郑县知事。郑州由州变为县,貌似断崖式降格,州官变为县官也好像遭到贬谪,其实并非如此简单。关于"郑县"的概念,这里需要稍加注释。不少人因为郑州民国时曾为郑县,将其与今日之县相提并论、混为一谈,认为和今日其他省份著名的省会城市相比,郑州出身寒微、起点太低,即便中华人民共和国成立后不几年便晋身省会迅速崛起,也是一个妥妥的暴发户,每每以民国小县讥之,相当瞧不起,却不知民国初期废州府普及县制是全国通例,目的是创新行政区划设置,建立新的行政秩序,减少地方层级,提高行政效能。郑州作为州府级别的行政单位,起始于隋朝,稳定于大唐,承续于宋元,接转至明清。民国郑州改州为县,同样的缘由,同时期杭州称为杭县,苏州称为吴县,济南称历城县,西安称长安县,武昌称武昌县,南昌称南昌县,长沙称长沙县,成都称成都县,昆明称昆明县,贵阳称贵阳县……这些传统都市并没有因为改称县而降低其区域地位和文化魅力。省与县之间后来设置道、行政监察区,全国南方北方并不均衡,各地参差不齐,先后不一,各有缘由,这是后话。

叶济先州官后县官前后主郑八年,1913 年 12 月辞郑,升任河南省汝南道尹,1914 年 10 月调任省会主官开封道尹(1922 年 6 月辞职)。八年间,他重视教育兴办学堂(官立郑州中学堂),繁荣贸易开立商场(饮马池"郑县商场"),推进城建修桥铺路(连通火车站与老城区的马路大街即今天的大同路是郑州现代史上第一条混凝土结构的城市道路),鼓励西医救死扶伤(菜市街上的华美医院是郑州历史上第一家西医院),整顿治安清肃社会(先后缉捕盗匪 200 余人)……离开郑州那一年,叶济还积极筹划、大力支持,成立了郑州商务会——盐商、典当、钱业、估

清末的郑州东大街(历史资料)

　　今天习称的东西大街是过去东大街和西大街的合称。东西大街至迟建于唐朝,明清时东大街称敏德街,西大街称里仁街;民国时冯玉祥驻守郑州,改称东大街、西大街为中山东街、中山西街。图中东城门的位置,在今天的城东路与东西大街交叉口西侧。

衣、杂货、棉麻业、药业、茶业等十多个行业共同参与,覆盖全市商业经营者,称一时盛事。成立商务会的目的是组织商业活动,活跃郑县经济,协调同业同人之间的关系,增强行业自律,为商业企业提供服务。荆炳炎当选为总理(即会长),叶济出任商务会监督,为商界活动亲自站台。

也是在行将离开郑州那年,他还办了一件与中国现代史上重大事件有关的事情——支持天津客商赵鸿福等多人参股投资,在城西地近火车站连接马路大街(今大同路)的钱塘里建起了一座建设规模在中部诸省屈指可数的大戏院。大戏院砖木结构,院内有东、中、西三面砖楼,楼上楼下总计 1500 个座位——即便以今日标准论,这也算得上大型公共文化设施。叶济主张"郑州商埠开通,风气尚应开化",专门颁布政令,提倡男女平等,允许女子入内看戏,这在郑州史无前例,开民国风气之先。戏园命名为"普乐园戏院",取意"普天同乐",老百姓习称"普乐园"——投资人和叶济无论如何都不会料到,1923 年"普乐园"被成立不久的中国共产党几位党员选定为京汉铁路总工会成立大会的会址,这里也因而成为闻名中外的二七大罢工的策源地,中国工人阶级作为新的政治力量自兹登上历史舞台。今天的国保单位二七纪念堂的位置,即当年普乐园的旧址。

叶济虽为清末循良之吏,在辛亥革命前却同情和保护革命党人。据说他当时收到过河南巡抚发来的缉捕郑籍革命党人的指令和开列的涉事人员名单,他看名单所列皆郑州俊彦之士,悄悄付之一炬,把事情压了下来,使 16 位同盟会会员安然脱险。他转任民国新职后,又关照旧时下属,时常给那些被裁撤的前朝小吏以周济。许多年后有人问他是如何在皇朝旧臣到民国新官的身份转换中完成心理转变的,他用掺杂着郑州腔的杭州话回答:"这个好简单嘛。我辈一向听从圣人之言的。孔圣人说过:以道事君,不可则止。皇上、太后也是人啊,他们的作为不合天道的话,也可以挪窝的,我们也可以和他们分手的呀。中山先生是今天的圣人,他不是说嘛:世界潮流,浩浩荡荡,顺之者昌,逆之者亡。这就是道嘛。天不变,道亦不变。不是吗?"

叶济任内兢兢业业做了大量实事,得到了官商各界和市民百姓的共同认可。郑州士绅誉之"才足定变,明足察奸,政足正人,威足靖盗"。《民国郑县志》说他"听断明决,舆情爱戴。武昌起义,各县寇盗充斥,公纠合商团,协同军队,严拿首要,民赖以安。去之日,攀辕遮道,争相挽留,遂为立生祠焉"。郑州人自发地为一个奉命调离、和大家再无利害关系的官员建立个人纪念馆,介绍、传扬他的品德和功绩,这在民间社会是一个难得的评价和至高的褒奖。叶公生祠 1914 年设立,位置在黄殿坑西沿,即今日与西大街相连的营门街上,营门街有一个时期曾被称为"叶公生祠街"——20 世纪 30 年代叶公生祠内曾举办过"郑县民众教育馆"和"纺织训练班",抗战时期毁于日寇飞机轰炸。

叶济对这座城市怀有深厚感情,他感激这座城市在历史转折的特殊时期为他提供了一个辞旧迎新和施展抱负的平台,他

今天钱塘路上二七纪念堂的位置，即当年普乐园的旧址。叶济提倡男女平等，允许男女同园观剧，在郑州开风气之先。　摄影：婴父

也暗自为自己留下的看得见和看不见的政绩心生满足。唯有一个难题让他常年萦怀，深感心有余而力不足，未有尺寸之功，内中潜藏愧疚。

他初临郑州到任履职之始，曾在街巷中听闻妇人儿童念诵民谣。民谣曰：

苦水井，井水苦，做豆腐，不用卤！
甜水井，井水甜，酿米酒，过大年！

前一句将苦井水口感比喻成点豆腐的卤水，嫌弃与无奈略见一斑，后一句则表现了郑州甜水井的稀缺和郑人对优质饮用水的向往之情。他侧耳倾听，当时几乎笑出声来，以为有趣，赞叹郑人古风犹存，善用歌谣讽喻世事，哀而不伤，怨而不怒，真不愧为三代故土子产旧邻，但现在再听这首歌谣，感觉滋味大变，自惭自责之心油然而生：自己主郑多时，情况没有丝毫改变，干了八年，也没能让郑人的饮用水由苦变甜！

某日天近黄昏，他身穿短褂便装外出——他早已改变在衙中堂上正襟危坐的旧式做派，喜欢抽空随机外出，独行于通衢大道和偏街陌巷，东走走，西逛逛，发现问题，察访舆情，被路人认出也无碍大雅。拐出西城门，走过马路大街路口，走到阜民里一带时，突然听到妇人号啕哭声，其声悲惨，撕心裂肺。他凑过去想听个究竟。

妇人一边呜咽一边嘶喊："我的狗啊……你死得惨啊……郑州的井啊……害死人啊……老天爷呀,我没法活了……"

路边站满街坊邻居,有人捶胸叹气,有人擦泪陪着抽泣。叶济心生疑窦:什么情况,死条狗也值得如此举哀吗?

一老汉湿着眼眶拉拉叶济的衣襟,悄声解释:狗儿不是狗,是女人娘家小侄子,刚满三岁。她回黄河北原阳娘家小住,回来时执意带小狗娃来郑州家里多亲热几天,不料第三天就出了事,一会儿没看住,狗娃跑出去看热闹,掉到前街一口半废的水井里淹死了。这口井几无井台,水苦井浅,很少有人饮用,差不多为邻家熟皮子小作坊和洗衣铺专用,无遮无盖,半隐半露,终于酿成祸害。

叶济黯然神伤,悄悄离开。他感觉心悸,唯恐有人知道他的身份,问他此事该如何处置。后来听说,那天痛哭失声的女人无颜面对娘家老老少少,竟然投井身亡。再后续的事态,更是不忍想象。叶济从此对郑州的苦水井平添了一种说不出的憎恶。治井之事,成了他的心结。

杭州老家乡亲,历史上也是吞咽过苦水的。作为杭州人,叶济对钱塘古城的井水故事略知一二。作为文化人,他读过苏东坡描写杭州饮水情况的《钱塘六井记》,文中一些句子他尚能背诵。因为海水潮汐的原因,杭州城"其水苦恶,惟负山凿井,乃得甘泉,而所及不广"。唐代时杭州刺史李泌鉴于城内井水水质低劣,民众深以为苦,制定了系统的治理方案,新开六井并用管道接引西湖之水,开辟导入了优质水源以足民用。后来出生于"黄帝故里"郑州新郑的白居易主政杭州,既治湖又浚井,进一步提升了饮水工程的运营水平。北宋时期历任官员对此不敢怠慢,治水皆有其功。苏东坡曾两次出任杭州州官——前一次通判,后一次知州,对杭州地界了如指掌。主政杭州时,考证前贤,总结历史,作文叙事,"详其语以告后人",同时,倾注极大热情,再次改善供水设施,完成了输水管道改造工程,用陶管替代了连接西湖与城中井群的竹管,实现了管道的升级换代,提高了输水效率。苏东坡酷爱西湖,有诗为证,"水光潋滟晴方好,山色空蒙雨亦奇。欲把西湖比西子,淡妆浓抹总相宜",你若以为他作为浪漫文人仅仅是倾慕西湖美丽颜值,那就有些失之浅薄了,若把西子湖与杭州人的饮水史结合起来赏析,就会更深入一层理解苏轼作为江南名城的管理者、守护者对西湖水源的那一份爱怜。不用说叶济是苏东坡的忠实拥趸,对这位大文豪心仪神追,视其为楷模。苏东坡的《钱塘六井记》中有句曰:"余以为水者,人之所甚急!"——饮水之事,乃民生头等要务。现在回忆起这句话,让他愈发心潮翻涌。

　　某日杭州茶商余老板来县衙(其时州衙已改称县衙)拜会,叶济与之接谈甚欢。余老板出身世家,有些文化,两人谈话中聊到这些乡井掌故,倍感亲切,难以名状。

　　余老板南人北相,方面大耳,人到中年,依然血气方刚,豪气不减。不久前来郑,在南大街开设茶庄,实力雄厚,出手就是大格局,四楹三间临街门面房,青瓦蓝砖粉饰一新,窗明几净佣仆英俊,相比之下,周围药商、杂货小商铺显得寒酸鄙陋,城内为数不多的几家茶叶店更是相形见绌,难以为继。茶庄除了售卖杭州特产西湖龙井之外,信阳毛尖、六安瓜片、祁门红茶、福建铁观音等绿茶、青茶、红茶、花茶一应俱全,琳琅满目,不过,人来人往中,看热闹的人不少,掏钱买茶的人不多。

叶济问:"兄台,最近生意如何,可有花头?"

余老板答:"承大人关心,还算平顺,并不赚钱。俗话说赔本赚吆喝,图的是让远近都知道,郑州有家杭州茶庄,不辱乡里。待有了薄名,早晚大家会送钱过来。呵呵呵……"

不论本地人还是外地人,除非官方场合和正式文书,都还保留郑州的地名称谓,很少使用"郑县"之名——就像杭州人很少自称杭县人那样——整个民国时期尽皆如此,直至 1948 年成立新的地方人民政权,设立新的地级市郑州市。

叶济说:"以我的有限观察,郑州人大多数没有饮茶习惯——这里并非富庶之地,平民多贫民多,混个衣食温饱已属不易;官宦士绅和商户人家毕竟占少数啊,有点儿钞票,郑州人恐怕更愿意把它送给酒馆。"

余老板大笑:"是的是的,大人高见,不过在大人治理下,郑州全境日渐进步,百姓生活殷实富足是可以指望的呀。再说了——不瞒大人,我看好郑州这块宝地的本意,是看好郑州的将来。俗话说,火车一响,黄金万两。平汉铁路、汴洛铁路一通,你看看有多少人都挤着头来郑州做生意。没几天这儿已经是全国棉花买卖和中部药材买卖的大卖场、大码头了。谁敢说郑州将来不会是全国茶叶的集散地呢？今天我不占先,到那时候我再来这儿凑热闹,谁还看得上我余某人呢!"

叶济听了,对余老板顿生几分敬意。生意人既讲现实利益,又着眼未来商机,眼光远超多数庸吏。

叶济又问:"各种茶叶,平时卖得快的是哪一种?"

余老板答:"自然是茉莉花茶。"他取出随身带来的一个马口铁方盒和一个宜兴紫砂陶罐:"大人清廉官声尽人皆知。君子之交一杯茶,今天拜见长官,我不敢带乱七八糟的东西,只带来了几两明前龙井和几两北京吴裕泰的茉莉花茶。大人尝尝——喝了龙井,会回温家乡的味道。喝花茶呢,是与民同乐——郑州人最爱喝的还是这个。不值钱的,所有品种数它便宜。"

叶济看他说得有趣,不便拒绝,便痛快收下,并问:"花茶卖得快,单是因为便宜吗?"

余老板接话接得总让人心里舒服:"大人问到了要害之处。这里有北方人口味偏好的原因,更关涉水质好坏。凡水质不好的地方都盛行花茶,茉莉花香能压得住井水的异味儿。北京人天津人太原人都是喝花茶的,大人知道,北京贵为京师,老百姓喝的井水却是又苦又涩,未必赶得上郑州。宫里面喝的水、王公大臣们喝的水,都是从玉泉山那面拉进城的。老百姓哪里花得起这个钱！据说前些年慈禧太后拨银子铺管子搞自来水，现在都民国了，也不晓得搞起来没有……"

叶济话锋一转，问："郑州水苦由来已久，余老板见多识广，你说说看，有没有治水良策？"

余老板连连摆手："不敢不敢。大人心中一定早有大的擘画。"

叶济执意垂询，余老板只好顺嘴道来："呵呵呵，杭州老家东坡大人他们那种办法恐怕是不行吧。郑州到哪里去找一个又能游观又能饮用的西子湖呢？——总不能把北边几十里开外的黄河水引过来吧！恐怕没人能做得到。即便引过来，也是黄泥汤，不能喝的。"

叶济若有所思："若循引水之法，困难不少。斜穿城区的金水河、紧贴南城墙的熊儿河都是遇雨则滥、遇旱则干的小河沟，不堪利用。倒是听本地耆老讲过，郑州西南有密县之泉、正西有京水之源可以利用。不过距离遥远，工程浩大，非我辈能为者也！"

余老板说："恕我冒昧，依我看治水若求速效，唯打井一途。聘水利专家勘定位置，打井，打深井，总能打到甜水层。打一眼，成一眼，新凿六眼甜水井，大人就可以仿照苏东坡，写一篇《郑州六井记》了……"

两人放声大笑，惊得窗外槐树枝上的麻雀四处逃散，也让堂下书吏颇感诧异——叶大人近期常常是眉头紧锁、满面愁云的。

叶济平日送别访客起身拱手而已,这回一反常态送客出衙,坚持顺着衙前街走到东西大街交叉口,方与客人挥别。

叶济反思自己在改善郑州饮水方面无所作为,原因在两个字:一是无"才",二是无"财"——无才是指自己缺少专业知识,缺乏可行的技术方案,心中没数。别人夸自己"听断明决",纯属过誉之词。无财是指地方财政紧张,即便有可行的方案,例如开凿一批深度足以避开地表污染的深井,官府也没有对应的资金,上级难以核拨,自己也无权违例开征赋税,徒唤奈何!

1913 年底叶济奉调离郑,在这之前他似乎已有隐隐预感——宦海茫茫,流转不断,自古如此。和余老板见面之后他开始有了紧迫感。他朝思暮想,耿耿于怀,寝食难安,祈望自己在治水上能有一点儿小小的突破,给郑州老百姓有个交代,给自己的内心也有个交代。

这年暑天某日,郑州商务会总理荆炳炎神色严肃地来到县衙,告诉他:杭州茶庄余老板出事了。一群茶叶商人和茶叶铺店员伙计连续两天跑到商务会举报余老板,告他的茶庄掺杂使假,以次茶充好茶,以陈茶充新茶;告他为人奸诈豪横,屡屡破坏行规随意定价,倾轧同业。

荆炳炎说:"一大群人扎堆而来,群情激愤,气势汹汹——这种事情商务会成立以来还没见过。我看是有人暗中挑事。有人扬言说,商务会如果不管,那就到县衙兴讼,民国新政,总是不会放纵商界败类的。他们誓言绝不放过余老板,要一直告他,把他告倒为止,非叫他蹲大牢亏血本不可。"

叶济说:"他们先到商务会反映,也是尊重商务会职权的意思。"

荆炳炎苦笑道:"他们说了,不直接闹到县衙是给大人留面子。他们都知道余老板是大人的老乡。留着这层纸不捅破,是免得大家都不好看。"

叶问:"你摸情况没有?"

荆答:"已见过余老板,压价的事的确存在。余老板的解释是薄利多销,培育客户,谋求长远利益,这是经商之道,并不违法,但以次充好、以陈代新这一条店规断不容许,只是雇用不久的两个当地小伙计一同跑路,不见踪影,查无对证。这就不好说了。对方呢,既有人证,又有物证,货在,来买货的人在,票据单子也在。余老板有点儿被动。"

叶点头说:"我听明白了。"又问:"这帮人有啥诉求?"

荆答:"他们也说了,下大牢不知有无律条可依,但从重处罚是万不可少的,一定要罚得他倾家荡产才解恨。我看主要是要坏他名声。"

叶济琢磨了一夜,约余老板过来面谈。

第二天一见面,余老板并没有想象中的戚容。

叶微笑问:"余老板全无压力吗?"

余坦然答:"介个(哪能)没有压力,不过,我也没啥可担心的。青天白日,朗朗乾坤,我没有作奸犯科,当然吃得香、睡得着,再说了,有人解释郑州之郑字,'郑者,正也,正气凛凛然也',郑州有叶大人主政,那些奸商刁民也兴不起风浪不是? 有你为我做主,在下岂有害怕之理!"

叶济怔了一下,说:"木秀于林,风必摧之;堆出于岸,流必湍之。这个道理你是明白的。郑州虽然民风朴厚,但商界不同,心术不正者大有人在,鱼龙混杂,不可不防。明枪易躲,暗箭难防,既然中招,向世人辩白还是必不可少的。众口铄金,我也没办法以我之口代替万人之口。"

余老板承认,他进了别人的圈套。他雇用的两个本地伙计一向聪明伶俐,业绩不错,店里的主事还夸他们能干,不料却是被重金买通的内奸,内外联手,按剧本做了一个卖假货的局。出逃之前他们抓紧搞了些名堂,给做局者提供了充分的证据。他俩的出逃,让对方反诬余老板故意放跑责任人,以便查无对证。余老板百口莫辩,怎么解释都貌似无理狡辩。围观的老百姓极易上当受骗,一旦舆论对杭州茶庄极为不利,那以后的商誉和市场环境都会发生颠覆性的变化。余老板明白形势严峻,急忙向叶济请教对策。

叶济沉吟片刻,然后缓缓道来:"做人当然要讲是非,但同时也要讲利害。在讲不清楚是非对错的时候,要赶紧趋利避害,减少损失。遇到麻烦,不能硬扛硬顶,也不能回避延宕、放任事态朝着不利方向发展。要设计破解的办法……我想了一个办法,你听听如何?"

余老板赶紧作揖,请他点拨。

叶济出的主意是,请余老板回去立马给郑州商务会写封信札,抬头为"郑州商务会总理荆公炳炎大人并转奉县知事叶大人",内文大意:自述来郑投资的善意、茶庄经营的宗旨,自认管理出现差错,用人失察,对伙计的不良行为,心有歉疚,决意整改。闻县府有开凿甜水井改善郑州饮用水质的计划,情愿自罚认缴大洋若干,助力首眼新井尽早开工,为百姓福祉报效绵薄。叶济可立即回应,亲自站台,召集商务会各界人士和民众代表集会,认可余老板的解释,淡化这次假货风波,褒奖他的捐助善举,为杭州茶庄争取美誉。县府亦可借机向社会发布凿井治水的计划,以慰百姓长期渴盼之情。

余老板愣了,他没想到叶大人心思如此缜密,设计如此周全。

叶济补充说:"那些无事生非之徒无非想让你有所损失。你自认有错,自罚银两,炳炎先生再说和说和事情就过去了。构陷他人有罪,罪名更重,他们也怕败露,谅他们不敢过度纠缠。你花了钱,行了善,并非官府判定罚金,声誉绝不会受损,反倒会声望鹊起,受人敬重。这不值吗?何况打井之策,真的是兄台首倡啊……"

两人再次四目对视,哈哈大笑。

余老板匆匆离去,立即按照叶济的交代执行。后续的各种进展也都是按剧本表演,达到了预期效果。

余老板离开时,叶济看着他的背影,心中竟有一丝负罪的痛楚:觉得自己对不起这位杭州老乡。作为地方长官,无法匡扶正义、阻止本地流氓构陷良善已属失职,在这种情况下非但没有一丁点儿的周济照顾,反而让身在他乡为异客的商家在尚无投资收益的情况下遭受经济损失,要求他出资启动凿井治水工程,成全自己完成一项朝思暮想的政绩——这是不是心机太过?他对自己的道德品质突然间产生了怀疑——不过这种念头一闪而过,很快烟消云散。因为他反复考量,即便纯粹从余老板的利益角度考虑,他也实在想不出一个更好的化解方案。为了给余老板也给自己一点儿心理补偿,叶济后来还请荆炳炎给余老板在郑州商务会安排了一个头衔,提高了他在商界的话语权,以便在以后的商业活动中处在一个稍稍有利的位置。

在叶济奉调离郑时,余老板出资打的那眼井好像已经完工。井的地址在方志和各种文史资料中未见记载,传说不一,有人说是在一条名叫"唐子巷"的小街上,还有人说在离火车站不远的一条名叫"裕元里"的胡同中,不知哪种说法可靠。由官府出面,利用商家资金,推动城市基础设施建设,这一次算是开了先河,产生了示范效应。后来主政的官员循例效法,会商和礼邀工商业投资打井,如商请上海巨商穆藕初兴办的豫丰纱厂在东大街塔湾一带,开凿一眼创纪录的深井,水量丰沛、水质优良,数十年间传为美谈,这是后话。

民国成立后不到十年,郑州就开始进入战乱时代。直奉战争、胡憨战争、北伐战争、蒋冯阎中原大战、抗日战争、解放战争，前后相随，连绵不绝，兵燹战火，生灵涂炭，郑州百姓无一年不在煎熬中度日。统治者乱哄哄你方唱罢我登场，皆如昙花一现、磷火一闪，无法给这座苦难的城市留下正面的记忆——他们既不能稳定经济、为百姓扶危济困，又难以巩固城防、保一方平安，更别提改进基础设施、改善饮用水水质。

不过，冯玉祥是个例外。

冯玉祥将军(1882—1948)是中国近代史上的重量级人物。祖籍安徽，生于直隶(今河北)，行伍出身。中国国民党爱国将领。1948 年 7 月底，他从海外闻声而归，若不是在轮船上失火遇难，可以预见，五星红旗下他依然能扮演新的历史角色，续写新的人生传奇。

冯玉祥与郑州注定有缘。他先后两次入主河南。第一次他在 1922 年直奉战争中率部站队直系，得胜后出任河南督军。以军代政，推行新政，时间不长却在河南留下口碑。第二次他于1927 年在共产党人影响下参加北伐，担任国民革命军第二集团军总司令，从陕西挥师东进，与北上的广东北伐军会师中原，于当年 6 月 9 日进驻郑州，很快担任河南省政府主席，统揽军政大权。

冯玉祥这一次在郑州的登台亮相极具个性。武汉国民政府主席汪精卫西装革履率领军政要员在郑州火车站迎接冯玉祥的到来，没有迎来客运列车豪华包厢，却等来了运货的火车。大家

冯玉祥戎装照（历史资料）

　　冯玉祥的日常着装风格与图中的衣冠华贵、装饰繁复截然相反，他一贯是"粗缯大布裹生涯"的仪态，朴素、简单，军旅之中多数时间不愿佩戴军衔标志，衣帽装束一如卒伍，喜欢打扮成平民出行视察，当年郑州坊间流传有不少关于他微服私访的情节跌宕的戏剧性故事。

只见从闷罐车厢走出一位身高一米九的大汉，身穿皱巴巴的灰色棉布衣裤，扎着腰带，背着雨伞。汪精卫东张西望，无法确认这位伸过手来的大汉正是自己率众恭候、望眼欲穿的贵宾，当场就闹了尴尬。第二天，汪精卫在陇海花园（现铁路工人文化宫一带）主持召开为期两天的国民政府郑州会议，分析天下形势，讨论党国要务。会议议程拖沓，会场布置奢华，汪精卫和部分大佬不遵守开会时间，随意迟到，冯玉祥很不高兴，撰写对联一副，赠给会议主办者：

一桌子点心，半桌子水果，哪知民间疾苦！
两点钟开会，四点钟到齐，岂是革命精神？
横批是"官僚旧样"。

收到对联，汪精卫大为光火，却对他无可奈何，不愿得罪，大会毫无悬念地通过了他主政河南的任职决定。

省主席公署自然是设在省会开封，但鉴于郑州的战略地位，冯玉祥的第二集团军总部则驻郑不动，以控御要冲，联络四方。冯玉祥重视政治权力和地方政务，但更加重视的还是他的枪杆子，所以他会常常驻守郑州，遥控汴梁。

郑州此时历经战乱已是民生凋敝，市容残败，治安不靖。1927年1月汉口出版的《国民日报》把郑州形容为"三多"之城：一是司令部多（军阀们肆意侵占民房和商店、货栈、仓库、铁路机构房舍,到处悬挂各种名目司令部的招牌);二是鸦片烟多(当局为筹措军费,对鸦片交易不但不予禁止,反倒放纵鼓励以抽取赋税);三是乞丐多(历经战乱,民不聊生,流离失所者蜂拥而入)。这些描写皆出自《国民日报》记者的切身体验,记者乘火车从汉口来到郑州,刚一下车,就被乞丐团团围住,难于行进,"脚夫与乞丐一同拥至,大哭小叫,令人进退不得。至于街市之上,一举手一动足之间,无不有追随左右者。总计全埠乞丐占全城人数十之有三"。如此境况,郑州简直就是一座丐帮之都。

冯玉祥的总司令部八大机关始驻郑州时都设在菜市街浸礼会(即华美医院,今郑州市第三人民医院院内)的小洋楼中。因当时不少奉军间谍潜藏城中时有活动,夜间盗贼也相当猖獗,加之流民众多,滋事者数不胜数,冯玉祥慎于防范,便命令实行宵禁制度,张贴告示晓谕全城,每晚十二点钟以后除巡逻值守的军警人员外,禁止任何人活动。巡逻官兵遇到可疑行人,一律押送总司令部审查甄别。

独自出行微服私访历来是冯玉祥的一大爱好。一天深夜,他走出司令部顺着南城墙外缘(今城南路)东行,行至熊儿河桥头,忽听远处有人大喝:"站住,不许动!"

一名高个儿士兵三步并作两步冲过来,不由分说要带冯玉祥回司令部讯问。年轻的士兵是郑州本地人,刚穿上军装不久,只在远处看到过总司令的身影,月黑夜深,加之冯玉祥身着便装,影影绰绰之中更难以看清面目。冯玉祥不加辩解,老老实实

城南路郑州商城遗址（南大街附近）　摄影:婴父

当年冯玉祥深夜微服私访,走到这里遭到士兵盘查。

地跟着他走。迎面遇到司令部警卫连连长,一看押送的竟然是总司令本人,咔嚓一个立正,行个军礼,然后厉声骂那士兵:"真是瞎了狗眼,咋连总司令都不认识?"

冯玉祥连忙摆手制止:"别怪他,他做得对。该奖赏!"

冯玉祥命他随自己回到司令部,按照自己亲自为官兵定下的规矩,问:"我们是谁的队伍?"

士兵高声答:"老百姓的队伍!"

冯玉祥问:"我们的衣食是谁给的?"

士兵高声答:"老百姓给的!"

冯玉祥问:"我们练兵打仗要干啥?"

士兵高声答:"打倒军阀,侍奉百姓!"

这些标准问答是冯玉祥军中的规定仪程,大约是刘志坚等共产党人在西北军中任职时的政治工作方法,一直没有废弃。冯玉祥拍拍年轻士兵的肩膀说:"不错,当兵没几天就很像样了。"问了士兵家中基本情况后,对他说:"你是郑州娃,知道本地事儿。咱们的队伍进驻郑州,想让老百姓拥护,就得为老百姓办些好事儿。你说说看,郑州老百姓都稀罕点儿啥?"年轻士兵瞪着眼睛想了想,不慌不忙,回答说:"报告总司令,两桩事儿郑州人爱骂大街:一是路难走,马路不平,坑坑洼洼,雨天两脚泥,晴天一身土;还有就是水难喝,甜水井少,苦水井多,水又苦又脏。从我记事儿就是这样。听俺大爷说过,谁有本事把这些改了,郑州人就感激不尽,服他!"

冯玉祥听了,仰起头思忖片刻:"好,你去吧。"

第二天,在司令部警卫部队全体官兵大会上,冯玉祥又着腰笑呵呵讲述了昨天半夜被巡逻士兵"捉拿"的经过,表扬年轻士兵认真负责,夸他忠于职守。没过多长时间,小伙子被意外提拔为警卫连连副。据说小伙子感动得满脸是泪,后来成为死忠之士,跟随他南征北战,屡立战功。他给冯玉祥提出的郑州"路难走""水难喝"两大顽疾,总司令似乎也格外重视,专门在城区进行了踏勘,对整修道路、改善水质都做了专门的安排——有历史资料为证:由共产党人李大钊创办的《晨报》1928年4月12日曾专门报道了在冯玉祥主导下设立郑州市政府,首任市长刘治洲积极策划和推进市政建设的动态,其中专门提及整修大同路(叶济时期称马路大街,冯玉祥改称大同路,取天下大同之意)、福寿街、德化街等市政道路和设计"卫生井"的情况。

也许这只是巧合而已,一个士兵的建言对城市进步未必会有如此大的推力。冯玉祥对郑州城的建设曾提出全面的设想,做出了两轮规划。1928年他呈请国民政府批准,改郑县为郑州市——虽然1931年又因故撤销,但这让郑州在河南历史上第一次成了现代体制意义上的城市。他在郑州大展拳脚,兴建工厂,开办银行,整顿市场,修筑道路,创设平民住所、平民学校、平民公园、平民图书馆……他还在西郊开辟了"碧沙岗"陵园,将北伐中追随他战死沙场的官兵们集中埋葬在这里(同时亦有平民墓区,向郑州百姓免费开放,二七烈士司文德就义后曾经埋葬于此,后迁回老家),时时看护,年年致祭。抗战烽火中他还回来祭奠,流着眼泪说:总有一天他会解甲归来,终老于斯,和弟兄们永远做伴——他对阵亡子弟的追怀和对这座城市的情愫略见一斑。冯玉祥在物质生活和精神生活方面都对郑州人产生了深刻影响。他甚至对郑州的城市道路也进行了大规模重新命名,以地名为载体,宣扬三民主义和自己的价值理念——很多街道在后来不同时期几易其名,难见旧时痕迹,但大同路、平等街、博爱街、民主路、自由路……这些由他确定的路名,虽近百岁之龄,依然穿越时空顽强生存在今天的现实生活之中,与行路者不期而遇,只不过,我们最关心的由他主导的"卫生井"设计情况和建设情形,因为档案资料的缺失,无法描述其规制,还原其样貌。"卫生井"顾名思义,应当是以防治井水污染、保证市民健康为着眼点,它对改善水质和饮用体验方面所产生的效果,我们就不得而知了。

即便如此,我们还是可以确认,冯玉祥在河南曾意外地获得了水井专家、凿井将军的荣誉。

1927年至1928年河南连续大旱,老天爷给刚刚入豫主政的冯玉祥来了一个下马威。冯玉祥咨询专家,集思广益,制定了以井泉建设为中心的抗旱大计,在全省强力推进实施。1927年6月至7月,他连续给各县县长发去急电,下令"挖井抗旱为目前急务,他事可缓,此事绝不可缓";要求在两个月的时间内,大县凿井200口、中县150口、小县100口,并为之制定了技术规

郑州老城区的一些街道至今还沿用着冯玉祥当年的命名。图为平等街今貌。摄影:婴父

范和工程标准:"井须挖深,井身一律用砖砌,井口须六尺以上,水量以能供水车汲取为度。"冯玉祥还制定了配套的资金奖补政策,直接奖励到乡村农户。为确保任务完成,冯玉祥警告各位县太爷,如有奉行不力,一经查出,定严惩不贷。为了给打井抗旱提供专业人才的支持,1927年,他开办"凿井技术训练班",为全省培养凿井技师100余人。1928年,他又开办了为期一年到一年半的"河南省水利技术传习所",培养工程管理、水文测绘等专业技术人员150多人。在冯玉祥的强力推动下,据不完全统计,截至1927年底,省内40个县共凿井5392口,为缓解当地旱情发挥了决定性的作用。河南百姓因这些井给他们的生计带来了润泽和希望而感激冯玉祥,为赞扬他的铁腕井政,干脆称这些井为"冯井"。

不用说,这个时期"打井抗旱"常常是他与下属们的中心议题。有时各级官僚找他汇报工作,若非打井抗旱事宜,副官一律挡驾。受到接见的人若东拉西扯半天靠不上打井抗旱主题,他就毫不客气,连挖苦带训斥办你难堪。

据传某日一位省府高官从开封来郑州第二集团军总司令部拜见冯玉祥,衣着讲究,手摇折扇,很有几分风雅。看到桌子上有冯玉祥早晨临帖书写的几张北朝碑刻风格的大字,墨渖淋漓,奇崛强悍,气韵生动,马上切入书法话题,恭维冯玉祥腕下功力,然后满脸堆笑将手中纸扇双手奉上,恳求赏赐墨宝,以便他日夸耀人前。冯玉祥面无表情地说:"我不但会写大字,小字写得也

不赖呀,不如给你写首诗吧。"官员喜出望外,躬身连声称谢。冯玉祥换支笔,以钟繇风格的小楷徐徐书之:

六月炎天似火烧,地里庄稼半枯焦。
农民心中如汤煮,大人先生把扇摇。

冯玉祥递过扇子,呵呵笑道:"我借《水浒传》上的句子窜改一二,送给你正合适。"

这位仁兄知道总司令讽刺自己,只好讪讪而笑,连夸好诗好字。

这个段子的可信之处:一是冯玉祥的确喜欢书法,曾拜师陕中名家阎甘园,勤习不辍;二是他的确喜欢创作"丘八诗",朴素通俗,妇孺可解,冯玉祥队伍中传唱的许多"军歌",歌词都出于他的手笔;三是抗旱救灾的确是他当时的核心关切,对那些不知民间疾苦的"大人先生"很是恼火;四是符合他的性格——旗帜鲜明,但并非一定要直来直去,有时候,他的表达方式也会显现出俏皮和雅趣。

1928 年 10 月的一天,冯玉祥穿着粗缯大布的便装,骑着高头大马带了两个卫兵从碧沙岗出来,西行 3 公里,走到一个叫作小京水村的地方,察看乡间打井抗旱、秋收秋种的情况。他在马上远远望见几位农民在西边岗地上播种,立即下马,将缰绳交到卫兵手中,命他俩将马牵到远处啃草,不要露面。冯玉祥独自一人走到地头,见农夫把麦子播种后正拉着石砘子砘土(致土密实,提高麦子出苗率),就和农夫打招呼:"老哥,让我替你拉几趟吧!"边说边脱外衣,开始下地干活儿。冯玉祥问:"老哥,贵姓?"

老汉回答:"免贵,姓宋。"

"家里种了多少地?"

"五亩三分。"

"粮食够吃不?"

宋老汉叹声气说:"风调雨顺还差球不多,这两年冯玉祥来郑州住下,连年大旱,收成不中,粮食就不够吃了!"

冯玉祥笑了:"啊哦,天旱不雨是因为老冯啊——缺了大德,老天爷才会惩罚吧。看来老冯这人没办啥好事!"

宋老汉正色道:"这可不能瞎说。都说老冯办了不少好事,仁义,爱民,不是坏人。俺村打井,还拿了他的赏钱。"宋老汉声调一转:"不过,他一来郑州,天就不下雨了,老百姓都说他是旱鳖,命里缺水⋯⋯"

冯玉祥撇着嘴笑了。他没有再去察看打井情况,和宋老汉道别而去。有位路人在一边看了半天热闹,过来问宋老汉:"刚才那人你知道是谁吗?"

宋老汉一迷瞪:"谁呀? 像是个大师傅(郑州人对厨师的特殊称谓)。"

路人幸灾乐祸地笑着说:"他呀,就是你说的那位命里缺水的旱鳖。"

都市湖光　摄影:婴父

　　顺中原路出西三环继续西行两公里,可见西流湖南部拓展区的一泓碧水,这个位置就是1928年冯玉祥微服私访与老农对话的地方。当年这里有一座横跨京水河的石桥,曾是沿郑洛官道由西向东进入郑州城的必经之地,京水桥的桥身和邻近的小京水村旧址如今早已被湖水覆盖,融入历史,化为郑州西郊民众的集体记忆。

想想自己刚才的言辞,宋老汉肠子都悔青了。

这个段子属于非虚构民间文学作品,细节未必全真,故事确有其事,并非杜撰,今天你到郑州西郊去问问长者,他们还可以活灵活现地讲述这个版本。

传说故事,这种非物质文化遗产生命久远,相形之下,冯玉祥时期的"冯井"则寿命不永——田野上的井在农田水利建设中只能算是一种"易耗资产",特别是仓促开凿以应抗旱急需的水井,井身短小,护砌简易,很容易壅塞坍塌,遭到废弃。突击施工如雨后春笋一般涌现于中州大地的"冯井"井群,没过几年就渐次崩坏,难寻踪影。

第二章　甘泉与涌泉

　　老郑州当然也有为数不多的甜水井。正因为它们属于稀缺资源，所以弥足珍贵，古城墙圈内（地盘皆在今天的管城区）见诸文史资料记载的甜水井只有三眼：一眼前文提到过，位于砖牌坊街（梨花巷）西端北侧，离冯玉祥在西城墙上新开的"地平门"不远；一眼位于唐子巷，离南大街不远；还有一眼在郑州尤其著名，位于东大街开元寺塔附近，这个环围古塔的地片被郑州人称为塔湾。

　　开元寺是古代郑州最有影响力的佛寺，明清及民国多种旧志均有记载，说是始建于唐玄宗开元年间（713—741 年，寺因年号得名）；明朝永乐十八年（1420 年），僧人明福主持重建。寺院大门外有舍利塔一座，人称开元寺塔。塔与寺同时建成，明末损毁，清同治十二年（1873 年），时任郑州知州张暄主持维修复原。据旧志记载，开元寺塔高十余丈，是郑州城内最高建筑——因为名气大，北宋第三任皇帝宋真宗在郑驻跸时曾驾临此地，逗留观赏——古塔直到民国时期在全城波浪起伏的天际线中都占据"针点"的位置，古塔的形象名列郑州八景之中。清郑州知州张钺《古塔晴云》诗云：

> 开元初地辟，云际涌浮图。
>
> 独立遗千劫，凌空占一隅。
>
> 絮黏连不断，肤合有疑无。
>
> 背郭炊烟起，常将霁霭俱。

这座塔也曾出现在郑州旧民谣中：

> 郑州像条船，塔儿是桅杆。
>
> 铁锚放衙门，镇住不摇晃。

郑州始建于商代的古城墙自汉代起北墙回缩，整个古城的图形由大体方正内收为矩形，所以有"州城酷似舟城"之说。这个"中原方舟"的桅杆就是这座高耸入云的古塔。为了保证"大船"在时空运行中平平稳稳，据说是叶济做知州时听从风水先生的建议铸造了一个铁锚，摆放在州衙大堂一角（叶济字作舟，风水先生称他与舟城命理一致）——不愿扬帆远航遭遇疾风大浪，但求稳居中原平安无恙。可见民谣讽诵之事并非虚构。

梁思成先生遍游华北寻访古建，1937 年曾经莅临郑州，他走近古塔，亲笔为它画了肖像，并收入一套明信片中在欧洲印行——可见即便以顶级古建专家挑剔的眼光视之，这座古塔也

郑州开元寺塔(历史资料)

是独具特色值得郑重介绍的。令人痛心的是古塔毁于 1938 年和 1944 年两次日寇军机的狂轰滥炸。1938 年那一次塔身被炸去半边,1944 年这一次,塔身被炸得轰然倒塌,躲藏在塔中的 30 多个平民同时罹难。开元寺和古塔的位置,在今天的东大街郑州市第一人民医院一带。

古塔前那口闻名遐迩的甜水井,有人回忆说是民国郑县第七区区长李多官商请豫丰纱厂捐资开凿的——按照这个说法,成井的时间应该在 1920 年至 1938 年之间。著名民族资本家、上海厚生纱厂老板穆藕初斥资 200 万现大洋在郑州南郊豆腐寨购地近百亩建成豫丰纱厂,1920 年开工投产,1938 年全面抗战初期拆除机器设备,连人带物全部迁往陪都重庆。成井时间较为合理的推测应在 20 世纪 20 年代——这个时期豫丰纱厂生意兴隆、蒸蒸日上,与地方当局和郑州百姓的关系正在磨合之中——“世界上没有无缘无故的爱”,豫丰纱厂出资凿井,是希望通过参与公益事业树立企业形象,提升品牌魅力,争取社会支持。据说当年豫丰纱厂为打井进行了充分的前期准备,科学勘探,反复比选井位,还采用了国内最先进的打井技术,用钢管打入地下深约 36 丈之处,汲得深层甘泉——老百姓叹服说“找水找到了州城主脉”“打井打到了龙宫隔壁”。成井之后,按设计用青砖砌护上部,井筒约纵深五丈,地表以上筑高约两尺的方形井台,东西宽约一丈五尺,南北长约两丈,井台表面平铺开元寺中残碑,质朴而豪奢,漫漶而光洁,既古雅又喜祥,老百姓无不颔首点赞。按郑州民间习俗，井台北头，修建了一个八仙桌大小的迷你型龙王庙，庙中泥塑龙王神像，身小头大，卡通风格，表情狞厉又夸张可笑——供人们顶礼膜拜，祈求龙王保佑街间平安、水源充沛、源源不绝。这个大号水井从诞生之日起就表现优异，不同凡响，井中甘泉上涌，宁静无声中却似有巨大能量翻腾摇滚，水量貌似取之不尽，用之不竭。白天取水者川流不息，夜间没人时，井水仿佛激情难耐，时常悄然外溢，汩汩而淌。春天来临时，水井周围的土地因为井水的浸润，芳草碧绿，野花清香，形成一种难以言说的快乐氛围。清晨时分有人打水，常见井水与井口齐平，俯身轻摆桶鋬，桶身应声倾倒，清澈的井水便自动灌满水桶。这眼井满足了周围大范围居民的日常用水要求，井台地区也成为邻里街坊的社交中心，大家在这里拱手相见、挥手作别，在这里邂逅和约会，或负曝闲谈，或附耳轻语，奇闻逸事与邻里琐闻在这里交换、传播，于是这里又成为老郑州的"舆论风口"。郑州每年农历三月城隍庙会的主场地就在塔湾一带，这里场地开阔，是当年郑州市民集会游憩的公共空间。庙会前后历时二三十天，城内百姓倾城而出，城郊和邻近州县的百姓闻风而至，共襄其盛，千商辐辏，万众云集——这是郑州人苦中作乐、一年一度自我放飞的时刻。这时候，每天上万人次的人畜用水都靠这眼井提供，对这眼神井的供水能力带来了极限挑战。井台上打水的人终日不绝，人们提着桶、拎着罐、抱着瓮、端着盆排起长队，队形逶迤蜿蜒，看不到尽头。这眼井从容不迫、不动声色，源源不断满足了这种高峰需求,从来没有出现过水位骤降、供不应求的情况,让人衷心感佩、啧啧称奇。

塔湾甜水井的水甘洌清凉,堪称郑州饮用水的"天花板",也成为市民生活消费的奢侈品牌。推着胶轮车以卖水运水为业的人舍近求远前来取水,因为城中不少家境优渥的住户下单长期订购,非此井不饮。

每到春节及农历二月二"龙抬头"的日子,远近居民带着供品到塔湾井上祭拜龙王,馨香祷祝,祈求好运。抗战期间,社会动荡加剧,地痞流氓活动猖獗,水井周边居民害怕汉奸投毒,对甜水井实施了特殊保护,设计安装了木质井盖,日夜有人照看,晚间封闭落锁,市民轮流值守,确保了饮水安全。

塔湾甜水井存世 50 年左右方寿终正寝。1973 年郑州市第一人民医院在开元寺旧址修建新的门诊大楼,在医院扩建发展的激情中,在自来水早已通达千家万户的背景下,人们毫不犹豫填平了井筒。甜水井不复存在,昔日滋润过郑州无数居民日常生活的甜水井,退入历史记录的边隙。梁和平女士清楚记得井的方位(2021 年 9 月 29 日,访谈者婴父、陈宗铭),到现场察看辨析后,她确认水井的准确位置就在东大街北侧,第一人民医院门诊楼南侧,在楼前那棵老槐树西侧不足十米之处。梁和平生于中华人民共和国成立的 1949 年——父母为她如此取名,寓意庆贺天下从此和平,再无战乱之忧。她少年时代居住在今天的商城路硝滩一带,母亲是第一人民医院的司药,家就在医院后侧

东大街甜水井的位置　摄影：婴父

　　流光百年，沧海桑田，城市景观发生了颠覆性的变化，甜水井旧址邻近的老房旧屋没有一砖一瓦残存下来，只有这一棵枝干如铁的老槐树在风霜雨雪中屹立不倒，坚守着甜水井的历史坐标。

不远的地方,家里的日常用水都是在塔湾甜水井中汲取。这眼生成于郑州二七大罢工前后、消失于 20 世纪 70 年代的跨时代的水井曾伴随她的青少年时光,给她留下纯真和甜美的记忆,历久弥新,无法磨灭。

老郑州大多数的水井与塔湾甜水井截然不同,它们给市民百姓留下的记忆一言难尽。话题重新拉回新中国成立前,据一些老年人的回忆资料,城墙圈之外(城西城南,地盘多属今二七区),在南关、裕元里西口、杜岭村、一马路北口等处也偶有水质差强人意的水井,其余水井非咸即苦,水质极差,周围居民常常用以淘洗菜蔬、洗涤衣物,勉强食饮,则难以下咽。口感较好的水井多为水霸占为私业——这些人多为青红帮头目或地痞流氓,他们对水井井体和环境略加整饬,便开始垄断经营,周围百姓用水都要向其交钱,限期结清,否则打骂驱赶,不得靠近井台。因井水引发的市民冲突和殴斗事件时有发生。很多人害怕招惹是非,只好降低生活期待,常年取用苦水。还有一些人家中设甜咸两个水缸——甜水惜用,仅供煮饭,苦水则用作洗涤器物、浣洗衣裳、洗澡擦身等。

俗话说开门七件事,“柴米油盐酱醋茶”,所指为居家日常之需,须妥为准备,而排在七件事之前更紧要的事是取水存水,不可一日或缺,不能以他物替代。老百姓家家皆备井绳、钩担、铁桶等工具,以供肩挑手提之用。水缸是无家不有的容器,挑水是青壮丁男每日必修的功课——从不同挑水者的行走姿态、步频节奏、腰肢和腿脚的弹性、肩与颈的横竖角度,可以辨别出他们刚猛或柔和、机巧或鲁直、沉稳或轻佻的不同性格。鳏寡孤独者、病弱难行者,必有街坊邻居帮忙代劳,相濡以沫,日日不辍。家境富足者、大户人家、商家店铺和官府衙门或雇用挑夫挑水,或常年向推水车夫买水——一些老实巴交又缺少技艺专长的汉子选择这种职业,他们购买或者租用独轮车,两侧配置悬挂特制水箱,每天给远近用户送水上门,靠卖力气挣些小钱养家糊口。推车卖水成为郑州一种专门的行业。沉默无语的男子推着独轮车吱吱呀呀负重前行,到了用户家门口用胶皮管子将水引入居民家的水桶水缸,这日复一日、年复一年的操作成为市井生活中最常见的场景。民国晚期南大街东侧的唐子巷的"推水同业公会",是这些送水工的业内组织。

出生于 1933 年的李文英老太太今年已年届九秩,生于郑州,自幼居住在太平街(今天的东太平里),是吃着咸水长大的。据她回忆(2022 年 4 月 15 日,访谈者婴父、刘方明、程素萍),太平街上有一口井,水质不佳,食之咸涩,从记事起直到郑州解放,数十年间她家和周围街坊邻居共饮此井水。这一带地处城墙外侧,是陆续来郑谋生的外地人和无业游民的聚集之地,贫家寒舍,无人向送水工订购甜水。抗战时期日本军机轰炸郑州,幼年的她亲眼看到日本飞机投下燃烧弹,郑州街巷墙倒屋塌,到处是一片火海,被炸得面目全非的尸首随处可见。她父亲吓得魂不附体,带着全家人连夜奔逃,回到黄河北岸的乡下老家避难,后来她又随父到新乡市谋生。她回忆说,在新乡平日吃的是卫河河水,水质更差,兵荒马乱中河面上常有浮尸漂过,她到河里打水时无意间瞧见,心中惊悸,腿脚发软,半天说不出话来。时间久了,司空见惯之后,每次都扭过头去假装没有看到。从新乡重回郑州,她家重新回到太平街上,这时再喝苦井之水,反觉比新乡河水卫生,不再嫌弃它的苦涩。苦难岁月里,甚于苦水之苦的,是颠沛流离、逃难避祸之苦,是人如蝼蚁、命如草芥、艰难求生之苦。直到郑州解放,她喝到了新井的甜水——她有生以来第一次真正懂得甜水的滋味。何为甜水?不必加蜜,不用放糖,苦涩消尽,甘甜自生。

郑州在新中国成立前虽属中州重镇,但放眼四顾,城市名气与周围西安、武汉、济南等名城差距甚大,不在同一个量级,城市繁华程度和城市经济文化实力也未能与省内开封、洛阳抗衡,不过,郑州北据黄河,南控江淮,两大铁路动脉在此十字交会,在20世纪抗日战争和国共博弈的战略棋局中,郑州始终处在高高凸起的要害和焦点的位置;日寇两度侵占、反复争夺这里,欲剑指武汉图谋中南,蒋介石则"以水代兵"人工决堤,用黄河水阻断和迟滞日寇进攻。抗战胜利后,蒋介石经营郑州,在郑先后设立绥靖公署、陆军总部和徐州"剿总"前进指挥所,派刘峙、顾祝同等高阶将领坐镇指挥,以郑州为基地,向我晋冀鲁豫解放区发动进攻。刘邓大军千里挺进大别山,之后纵横中原,取得战略主动。内战爆发两年后,蒋介石精心布局的中原防御体系支离破碎,1948年夏郑州已成孤城。中国人民解放军中原野战军(后称第二野战军)在刘伯承、邓小平、陈毅等运筹指挥下,10月成功组织解放郑州战役,一举拿下这个战略要地——国军高级军官弃城而逃时哀号:郑州是一个"死亡十字架"——中共中央给刘邓发电,评价此役"对整个战局极为有利";毛泽东主席不但在战前和战役中多次驰电指挥,战斗结束后余兴未尽,10月22日还亲自执笔代替新华社草拟通稿,向国内外宣布郑州解放。

参加郑州战役的解放军战士在打进郑州之前,就意外尝到了郑州苦水的滋味。1948年,刘邓大军秦基伟司令员的九纵27旅80团奉命在郑州城南运动,按照战役部署进入预定位置。头上骄阳似火,脚下沙化的土地被晒得滚烫,踩上去如踩火鏊,战士们汗流浃背、口渴难耐,当时单兵装备中不配水壶,早晨尽量多喝一些开水,全天无法补给,不少战士纷纷中暑倒下,形成非战斗减员。战士们悻悻地说:"我们不怕战斗,只怕口渴。"好不容易进了一个村子,用水仍然受限:全村三眼井,两眼都是苦水,村民们日常用以养猪喂牛、洗衣浇地;唯一的甜水井井筒矮小,水量也不大,全团各部战士和各炊事班唯恐井水不敷使用,纷纷过来抢水,场面一时混乱。团长发现这一情况,立即下令制止,要求部队官兵不得与民争水,一律到苦水井上取水。团长还安排警卫班在甜水井边站岗放哨,执行军纪。这天部队中午开饭的菜品是咸水煮花生米,喝的是咸菜粥。这段九纵战士的个人回忆,既是第二野战军珍贵的军史资料,也是郑州饮水史上一个真切翔实的细节。

1948 年 10 月 22 日,郑州城获得重生;10 月 28 日,郑州市人民民主政府宣告成立。一位 30 多岁的年轻人走上郑州的历史舞台,被任命为郑州市市长。

宋致和(1915—2013)来郑州履新之前任豫西行署副主任。他原来是北京的大学生(1934 年考入孙中山先生亲自创办的中国大学),有经济学专业背景。参加过著名的"一二·九""双十二"学生运动,抗战开始后,他回到家乡河北,在党的领导下,发动和组织群众投身抗日斗争,1938 年任晋察冀边区望都县代理县长——这时候他刚满 23 岁;1939 年当选晋察冀边区完县人民政府县长,1943 年任晋察冀边区第一行政督察专署专员。1945 年日本投降,我军收复张家口后,他被任命为察哈尔省政府秘书长,1947 年石家庄解放,他任石家庄市委秘书长,1948 年 8 月调任河南豫西行署第二副主任兼秘书长,两个月之后被中共中央中原局选任为郑州市市长。后来接任赵武成的郑州市委书记职务,1955 年 8 月任中共河南省委财贸部部长兼郑州市委书记。1958 年 11 月任中共河南省委书记处书记。1962 年选调中央党校研究班学习,后来先后担任过国家物资部副部长、新疆维吾尔自治区人民政府常务副主席等职务。

宋致和是骑着高头大马进入郑州的。他关于当时情景的回忆和叙述极具画面感(2000 年 11 月 11 日,访谈者婴父、于德水、徐顺喜等):解放当日他就奉命进入了郑州城。他骑马自西向东经解放路(当时称慕霖路和迎河街)进入郑州,路过老坟岗一带——这里是老郑州的贫民区和三教九流会集之地,临街破烂的房子里走出一个手端搪瓷脸盆的中年妇女,神态慵懒,睡眼惺忪,不愿多走一步,她将手中脸盆在空中划出半圆用力一泼,扭身重回屋中。她泼洒在当街的污水溅落在宋致和的马蹄上面。随行的通信员面色愕然,颇为不满。宋致和笑了笑,提提缰绳,加快速度向县前街(今商城路)赶去——新的市政府就设在郑县县衙里,也是叶济等人从前办公的地方。10月22日郑州解放,6天以后郑州市政府在这里正式挂牌。

宋致和当年入城坐骑是什么颜色,如今已不得而知。一些文史发烧友在猜测臆想时更愿它是一匹白马,这样就显得主人公更加潇洒俊逸,"白马王子"在年轻人心目中毕竟是浪漫场景的标配。宋致和在市民各界代表参加的人民政府成立典礼上登台亮相,他面庞清秀俊朗,身材高大稳健,谈吐斯文,和蔼可亲,立即博得了一片倾心赞叹,这种玉树临风的形象与郑州父老关于共产党接管政权后首任父母官的想象大相径庭:他们以为执掌郑州政务的会是一位从战火硝烟中一跃而出的钢铁猛男,一位黑旋风李逵那样的英雄豪杰。

郑州市民对宋致和的履历一无所知——在信息不充分的舆论场很容易形成由集体想象拼贴出来的市井传说——大家观察他不像枪林弹雨中拼杀出来的军事干部,郑州民间便流传了另外一种说法,说解放前宋致和是一位戴着墨镜、身穿大褂、以算

宋致和像　摄影：于德水

　　穿过硝烟走马上任,宋致和担任郑州市长时才 33 岁,风华正茂,清秀端庄。2003 年笔者与摄影家同行,如约到北京木樨地家中拜访时,迎接我们的却是一位童颜鹤发、笑意盈盈的耄耋老人。

卦职业为掩护的地下党,神出鬼没、机警过人,明里走街串巷为人占卜吉凶、预测祸福,暗中察访社情民意,掌握敌特动向,对郑州里里外外洞若观火,了如指掌,所以共产党挑选他担任市长,收拾战火刚刚熄灭后的一派乱局。某日,市政府办公室主任帮助宋致和处理各种公函和群众来信,竟然发现一封南京算卦先生的来信,这位仁兄千里之外有所风闻,专门来信拉关系、套近乎:"致和仁兄台鉴,知悉你在郑州做了大官,万分欢喜,此乃我易经学界共同荣耀。现有一事相托……"这件事在市政府机关传为笑谈,宋致和知道了也忍俊不禁,笑出泪来。

其实,在这次骑马入郑之前,宋致和从未涉足过这座古城。摆在他面前任务之繁重艰巨,也是他始料未及的。兵来将挡,水来土掩。此后两三年间,他按照中共中央中原局、稍后成立的中共河南省委及郑州市委的整体部署,夜以继日、全力以赴,集中处理最急迫的重点工作:一是加强清匪反特,消除潜敌(当年郑州城市人口16万余人,据市委估计,其中国民党军、警、宪、特机关残留人数竟高达万人以上,给新生政权和社会秩序带来严重威胁);二是完善组织,巩固政权(成立区级政府,改革国民党时期社会基层管制体系,改保甲制为街闾制,密切与市民群众的联系);三是恢复工商业生产运营,恢复和增强城市活力;四是保证市场供应,稳定物价;五是组织生产,救济贫民;六是支援淮海战役、渡江战役和进军大西北,为人民解放战争服务;七是修建道路桥梁,改进市政设施;八是实行土地改革,建立新的土地制度;九是张扬二七精神,开展工人运动;十是加强宣传教育,提高干群素质……

解放之初,郑州市委和各级党的组织主要是实施政治领导,负责重大问题的决策,而面向社会、面向民众的工作照例由市人民政府出面。市委主要领导又频频变更——谷景生代理郑州市委书记只有两个月(实属兼职,之后随部队东进),其后吴德峰任郑州市委书记不足半年(之后奉调武汉出任新的人民政府首位市长),郑州市的工作压力主要集中在宋致和身上。

郑州市民对新生的人民政府起初是陌生无感的,好奇地看着这些在昔日县衙大院中出出进进、不知疲倦的年轻人,和他们保持距离,敬而远之。老百姓看惯了"你方唱罢我登场""城头变幻大王旗"的场景,喜欢冷眼旁观,擅长虚与委蛇,不会无条件拥护支持一个新生政权,事不关己则持观望态度,与自己有利益关系时也疑虑重重,不愿第一时间表态。一些人离开郑州返乡务农,不少商家、店铺关门歇业,城市人口和工商企业数量一度出现减少现象。经过观察、接触,看到人民政府的所作所为和施政效果,看到大街小巷发生的变化,老百姓普遍解除心防,对政府从疑惧,到认同,再到积极拥护、处处响应、完全信赖,态度发生了一百八十度的变化。宋致和在 1949 年 10 月 23 日郑州解放一周年纪念大会上风趣地说:不用自我表扬,单从老百姓对我们的称谓上就可以看到我们一年来的工作成绩——过去见面"你""我""恁""俺"分得很清,现在都喜欢说"咱"和"咱们"

了,对干部也从称"长官""先生"到喊"同志""大兄弟"了……

人民政府最得民心的工程还数打井工程。全城大多数百姓从清朝到民国一直在吞咽苦水的问题摆在了新生的人民政权面前,有没有决心解决,有没有办法解决,有没有财力解决,大家一时难以回答。文质彬彬的宋致和市长在市政府会议上用右手轻轻拍着自己的脸颊,当众大声发问:"这个问题解决不了,我们的脸往哪儿搁?"

宋致和又回到平时的声调:"继续让老百姓喝苦水吃苦头,我们就不能说我们是真心实意为人民服务的政府,我们就和国民党的官老爷没啥两样!让老百姓喝上甜水,老百姓才会真心拥护共产党,才会真心信任人民政府,才会真正有信心跟着我们干好各种事情!"

1949年秋天,市政府决定,抓紧准备,尽早动工,在整个城区开凿一批新井全面替代旧的苦水井。宋致和批给200万斤小米作为工程经费,成立了郑州市打井队,邀请省内外水文专家和技术人员勘定井位,两年内在老城区约4平方公里的范围内开凿大口井、深水井40多眼——历史资料显示,打井工程1949年开始筹备,1950年至1951年分批完工。最早一眼打在市政府院内,具有试验和示范的意味,然后是在商业和居民密集的国民市场(老坟岗)、振兴市场(操场街)等地陆续开工,1951年最后完工的包括苗圃(陇海路铁路工人文化宫南)、北下街、南下街、蜜蜂张、同善里、人民广场、西陈庄中街、西豆腐寨、南下街、益民市场(老坟岗)、小市场(今北二七路)、北鼎兴里、铭功路、东三马路、清真寺街、裕元里、东大街等地,遍及城区——每一眼都是清洌甘甜,绝无异味,每一眼都是水量充盈,用之不竭——毕其功于一役,一举纾解了市民饮用苦水咸水的困境,两个朝代的大员能吏都没有解决的难题从此翻篇——以 40 眼大口深井按计划全面完工为标志,郑州百姓的饮水由"苦水时代"进入"甜水时代"。

批给 200 万斤小米不是调运拨付 200 万斤黄澄澄的粮食实物——以小米市场价格计算工程投资和人工工资,是新中国成立初期全国商品计价和结算的通例。当年全国各地解放时间不同,货币不一,币值不稳,价格波动,所以中央采取"实物本位"对策,以即时市场小米价格折价,进行人民币支付和结算,当年国家和地方财政预算的单位不是"元"而是"斤",各级干部职工的薪酬亦以不同重量的小米折算给付——200 万斤小米,在当时的郑州市不啻一个天文数字,查历史资料可知,这相当于五六万人一个月的口粮或近万人一个月的薪酬。这一年的郑州一方面百废待兴、百业待举,另一方面财力薄弱捉襟见肘,市政府能够自行支配的资金相当有限,一下子挤出这么大一块投资势必影响其他排定的急用开支——没有一点儿咬碎铁齿豪气干云的气魄是很难做出如此行政决断和财务决策的。

全城受惠,家家得益,郑州人如鱼饮水,冷暖自知。各界耆老士绅和工商企业老板受到了少有的震动,他们看到了政府的

71

魄力和效能,自发集会座谈,向政府致敬。知识界、教育界、读书人撰文宣传,说他们看到了民生疾苦在党和政府心目中的位置;市井百姓欢天喜地,相互邀约成群结队前往市府大院,求见宋致和,当面表露他们的心声。一位须发皆白的老汉拉住宋市长的手说:"俺活了70年,伸着脖子喝了几十年的苦水。一茬一茬的官员发誓赌咒让俺喝上甜水,收了俺几回钱,个个说话如放屁,都卷钱跑了。今天人民政府冇收百姓一文钱就把这么大的事儿办了,真中,真中啊!"

书院街一位小脚老太太趁机参观一下政府大院,还想看一看传说中的那只大铁锚。宋致和遗憾地说:"我也听说有这个东西,不知归置到哪儿了,回头找出来摆在院门口,请您老人家再来参观。"

老太太会说话:"中中中,俺就是看个稀罕。细想大铁锚也没啥用处,有宋市长坐镇,郑州城就不会摇晃。"在场者无不开怀大笑。

郑州老百姓从年轻市长的身上看到了新中国的形象,产生了对人民政府的感情。

1916年出生的王钧智老人接近茶寿之年,已经106岁了,回忆往事仍然思路清晰,声音洪亮。他1949年2月任洛阳市市长,1951年8月调任郑州市副市长,他奉命赶到市政府宋致和办公室报到,那是他俩第一次见面,双手相握,从此开始了他们长达7年的亲密合作。据王钧智回忆(2022年4月9日,访谈者婴父、朱宝山、王力),宋致和虽然只长他一岁,但诚恳宽厚,处处显示兄长之风。他为人谦和,作风民主,与副手和下属们都长期保持良好关系,备受同事们尊重。1949年下半年至1953年这段时间,赵武成任中共郑州市委书记(1953年调任中共中央中南局统战部副部长,以后担任过广州市委第二书记、代理第一书记,天津市委第二书记,国家建委副主任等职),但赵当时身体不好,患有严重胃病,做了胃切除手术,有一个时期不能正常进食,只能喝些牛奶,参加稍长点儿的会议需要中途进食少许流质食品以补充体力,难以坚持强度较大的工作。这段时间里,其实市委和市政府日常工作的两个摊子基本上是由宋致和一个人挑起来的,克难攻坚的工作他更是站在一线,走在前端。

宋致和不仅具有丰富的实践经验,还具有较高的理论水平和文字能力。当时机关工作人员编制很少,没有专人负责文案,凡政府重要文件,宋致和或亲自起草,或主持修改,重要会议上的讲话也必是自行准备文稿,但从不照本宣科,必有临场发挥,娓娓道来,细雨春风,让与会者深受教益。他还经常捉笔为市委机关报《郑州日报》撰写社论,以求准确阐释党和政府的政策,发布权威信息。据解放之初担任过郑州市一区(以后演化为管城区)区长的百岁老人朱翔武回忆(2020年11月10日,访谈者婴父、朱宝山、郭莉),宋致和主持会议,讲话时对问题总是认真分析、反复剖解,安排工作总是详细叮嘱,务求各个环节避免棚架悬空,务求落到实处。后来在党组织民主生活会上有同志提出批评意见,认为他主持的会议失之冗长,讲话过于细腻烦琐——提意见的同志善意地评价说:如果说他身上有何缺点的话,这算是一个不足,应当改进——但事后亦有同志认为,这既是他的缺点,也是他的优点,做事从不粗枝大叶,讲话从不模棱两可,思想一定要达成共识,政策务必议深议透。——当一个人的优点和缺点高度重合形成一体两面时,也许这就成了他的特点。

郑州市政府关于提高市民饮水质量的雄心并未止步于全城凿井,易苦为甜。在城区饮水全面"脱苦"一年之后,宋致和召开会议,决定筹办自来水厂,让郑州的供水方式和供水设施向现代化迈进。筹建工作由曾经留学欧洲、毕业于法国公共工程大学的副市长史隆甫牵头,建设局局长王言承担筹建主责。自来水厂以地下水为水源,厂址选定在老坟岗惠芳里(今解放路北侧,离"印象城"商厦不远——正是宋致和当年骑马入城被污水泼湿马蹄的街区)一带。市政府要求借鉴先进城市建设经验,利用大城市设计施工力量,引入急需的专业技术人才,尽快完成前期工作,确保年内完成拆迁和水源井开工目标。郑州市建设局很快与上海市震旦机器铁工厂签订了打凿深井工程合同,占地 4.5 亩的井水厂用地也顺利完成拆迁,1951 年 9 月 29 日震旦机器铁工厂开始施工,1952 年 1 月 25 日第一眼深井打凿完成,井深 600 尺,下直径 300 毫米铸铁井管 571 尺,滤水管 31 尺,经测试,每分钟出水量为 300 加仑,达到设计要求。一号井验收后

二七广场　摄影:魏德忠

　　这张 20 世纪 50 年代的郑州老照片,同时出现了二七纪念塔(早期木塔)和解放路自来水塔的身影。二七纪念塔是革命传统的标志,自来水塔则是城市新生活的符号。当年郑州缺少高层建筑,两座塔相互呼应,丰富了城市中心的天际线,也给市民提供了城市空间方位的参照物。

二号井旋即开工,合同规定的技术指标与一号井完全相同。两眼深井完工之时,供水配套设施工程也相继告竣:钢筋混凝土结构水塔一座,高度 31.5 米,容水量 200 立方米——水塔高度相当于 10 层楼高,东大街开元寺塔倒塌后,这是郑州市建筑物、构筑物新的高度纪录。与全国当年水塔普遍造型一样,水塔上下呈两段式结构,上短下长、上粗下细,酷似一枚超大号的手榴弹。这座水塔立即成为新的城市地标,与不远处二七广场环岛中耸立的木结构二七纪念塔遥相呼应,重新勾画了市中心新的城市轮廓线——另有砖混结构深井泵房、钢筋混凝土结构地下蓄水池等,日供水能力 3000 吨。市区 26 条街道挖沟埋管,敷设了供水管道;合理规划服务半径,在居民集聚区设置了 24 个公共供水站,方便市民取用。调试验收后,1953 年 12 月 31 日郑州市政府在惠芳里现场举行自来水厂落成供水仪式——以此为标志,郑州市的生产生活用水由井水时代开始进入自来水时代。

在省会开封出版的《河南日报》次日载文《郑州市自来水厂落成昨日放水》,报道了当时盛况。全文如下:

本报郑州记者组 31 日电　郑州市人民殷切期盼的自来水厂放水了。一座巍峨的水塔高高地矗立在市区中心,从上到下披起了长长的红布,水塔上、院子里招展着各色彩旗,呈现着一片节日景象。几天来,自来水厂的落成和其他工业建设上的成就一样振奋着人心。当除夕(原文如此。当时把公历年底最后一天也称为除夕——婴父注）下午3时隆重的放水典礼开始时，水厂向24个给水站和用户送出了清洁合味的饮水，人们看到源源不绝的流水，脸上流露着激动的情感。他们没有忘记解放前跑几里路担甜水吃和花很多钱买甜水吃或买不起而吃苦水的滋味，更不会忘记国民党反动统治者借修自来水厂名义三次勒索大笔款项的事实。解放后人民政府为了解决全市人民的饮水问题，凿了40眼甜水井，开始改善群众饮水。随着工业的发展和城市人口的增加，1952年秋，人民政府又动工兴建自来水厂（因工程阶段划分原因，此处动工时间与郑州市供水部门相关资料的记载不尽一致——婴父注），一年零四个月时间，工人们以忘我的劳动热情，建成了水塔、水池和20多华里的水管埋设等工程，并以自己的智慧为国家增产节约了4亿元（当年人民币面值——婴父注）的财富。自来水厂的建成使人民饮水条件大为改善，同时又有功于消防工作。北下街一位姓金的老太太从给水站挑了一挑水兴奋地说："一辈子也没吃过这（读若"镇"，是"这么"两字连读形成的读音——婴父注）好的水，可不能忘记毛主席和人民政府的恩情。"现在市政府又在计划开辟更充沛的水源，以适应工业与城市人口不断增加的需要。

供水典礼的确相当隆重，市长宋致和、副市长史隆甫、建设局局长王言等有关单位领导和自来水公司全体职工参加了典礼。自来水公司事先向全市发出公告，免费供水四天，让老百姓品尝一下自来水的味道。全市百姓像过节一样兴奋,奔走相告,全城轰动。各个供水站都被市民群众围观,众人急切地等待水龙头喷出清水的奇妙景观,并以先尝为快。有些茶馆为了招徕顾客,挂出了"真正自来水"的招牌。

《河南日报》的报道一点儿都不夸张,郑州市民读报时甚至觉得记者的文笔言不尽意。水龙头流出的自来水一时被捧为饮用水中的优质品牌。有家茶馆还用红纸贴出新的广告词:

自来水,好茶汤,喝着甜,闻着香,天天喝,保健康。

以压力供水和消毒处理后二次供水为标志的现代自来水供水体系此时已诞生半个世纪,全国各大都市早已屡见不鲜,但在多数郑州市民眼里,这仍然是一种令人惊奇赞叹的现象:大家习见的是水流依靠自重由高向低流淌,随物赋形,处下不争;没有见到过水流顺着井绳一般粗细的钢管自动上行喷射而出,形成神奇的涌泉,通过龙头控制水流,开关自如,毫不费力,随心所欲。大家没有想到他们日日如仪临井汲水的过程突然间变得如此轻松快乐,大家在开心兴奋中,产生了一种"自来水崇拜"——用今天的话语形容当时自来水作为一种人文符号在市民新生活中的价值,也许更容易让我们理解他们的情感:自来水代表了先进生产力的发展要求,代表了先进文化的前进方向,代表了人民群众的根本利益……

刚修好的解放路和刚落成的水塔(历史资料)

城市供水进入自来水时代后，原有的水井并未退役，这时候城区建设开始进入大规模拓展阶段，自来水供应尚不能完全满足发展要求，多数水井依然毫不违和地与自来水系统双轨并存于郑州市民的生活空间，在街巷深处悄然无声地陪伴着他们的宁静生活。

离火车站不远的兴隆街一带有四条小街，民国时期同时规划、同步建设、同期命名，四条小街的名字别致有趣，按照《周易·乾卦》的卦辞"元亨利贞"分别命名为裕元里、裕亨里、裕利里、裕贞里——很多郑州老人都知道这片街区。裕元里有口老水井，井台不高，井筒挺深，这时候还在正常使用。附近居民在这里打水做饭，一些妇女还喜欢带个凳子、端着盆子凑到井边洗衣淘菜。1957年深冬的一天上午，寒风凛冽，未满18岁的二七区德化街派出所民警李清福在裕元里小街上巡视——他是派出所的户籍警，又兼管这一片的治安，所以经常来这一带走走转转，见到熟人即笑盈盈地上前打招呼，这位面容清秀的年轻人很受当地居民喜爱。三九严寒，虽是晴天，但北风嘶嘶，温度很低，街上几乎不见行人。这时不知谁家孩子，四五岁的样子，无人看管，在结冰的井台上玩耍，不慎跌倒滑入井中。李清福突然听到呼救声："救人哪，救人哪——小孩儿掉到井里啦！"他飞快赶过去，趴在井台上往下张望，只能看到小孩儿尚未被井水淹没的头顶。李清福不假思索，来不及脱掉衣服一跃跳入井中，迅速抓住正往井底下沉的孩子，双手高高举起将小孩儿托出水面，自己双

舍己救人的民警李清福(历史资料)

上:市民群众给李清福和派出所送上锦旗。

下:李清福到被救儿童家中回访。

李清福获得的奖章和奖状(历史资料)

腿双脚挣扎着在井筒中保持平衡。附近居民应声赶来,七手八脚将孩子接到井上,再来搭救起李清福时,他身上裹着被冰水浸泡的衣裤,已经冻得嘴唇青紫、浑身僵硬,无法动弹。小孩儿幸亏李清福的及时施救才算捡了条命。据李清福的姐姐李秀英老人回忆(2022 年 8 月 27 日,访谈者婴父、武克华、李洪福),李清福回家后发起高烧,通夜不退,喝了不少姜汤才缓过劲儿来。当年度李清福即被公安系统授予二级英模称号。第二年他代表郑州市公安系统到北京出席全国公安英模大会,受到毛主席、朱德委员长等党和国家领导人的接见。事后,这位少年民警依旧在裕元里一带执勤,笑盈盈地和老老少少打招呼,仿佛什么事情都不曾发生。李清福生前很少宣传这件事,他的孩子们都不太知道这件事的细节。当年的奖章和与落水儿童的合影被他珍藏和保存下来,他去世之后这段和井的记忆有关的故事才再一次浮出水面,照亮后人。

城市居民直接临井汲水的方式在郑州市区晚至 20 世纪 70 年代末期才彻底终结,但建设井水厂、通过井群获取地下水源、经处理再通过管网向城市居民供水的方式却一直存在,延续至今。井水厂供水占城市供水总量的比重一度高达 1/3 左右。

第三章　贾鲁河与京水河

惠芳里自来水厂尚未完工时,郑州市更加宏大的一个城市供水工程其实正在不事张扬却紧锣密鼓地筹备。

《河南日报》1954 年 6 月 11 日在头版发表的"本报郑州市记者组"撰写的报道《郑州市政建设有很大发展》中提及郑州的城市供水问题:

解放前常在郑州住的人,都会记得一年四季吃苦水的滋味……解放后人民政府说建设水厂就建设水厂,到去年年底就已正式开始供水,许多市民早就饮用着清洁的自来水了。为了从根本上解决水源问题,目前,人民政府正积极在西郊贾鲁河中游筹建新的水厂和水库,新水厂的计划储水能力约比现有水厂大九倍,这座水厂和水库建成后,全市工业和生活用水在相当长时期内都不至于感觉到缺乏。

当年执笔记者如果今天依然健在,若戴上花镜重新阅读这篇新闻稿,一定会为自己当初稚嫩的笔力、浅显无文的句子粲然而笑。这种水准的稿子在今日省级党报发稿的机会微乎其微——即便如此,这篇报道还是向全省公开透露了一个重要信息:开封城西70多公里的郑州市正在大规模推进包括供水设施在内的城市基础设施建设——新闻背景却语焉不详。其时,中央政府早已批准河南省会由开封迁至郑州,郑州已经在为落实这项重大决策、迎接空前的发展机遇进行各种物质准备——郑州东北部为省直机关迁入准备的办公建筑和大片住宅已经动工,从老城区向东北方向辐射过来的大道内定名称为省府大道(今天的人民路)……但按照上级规定的新闻纪律,为了确保郑汴两市社会稳定,相关事宜很少在媒体上公开报道。

如果说惠芳里自来水厂的建设目的是满足老城区居民生活所需的话,那么《河南日报》报道中提到的这座"新的水厂和水库"的建设目标则毫无疑问是着眼未来,满足省会迁郑和新兴工业区发展两大需求,是实施郑州城市总体规划要求的核心项目。1953年11月,郑州市政府部署开始筹备柿园水厂——当时称为河水厂(根据水源定名,有别于惠芳里的井水厂)。负责起草河水厂选址和建设方案的是郑州市建设局工程师吴健豪。当史隆甫副市长将厚厚一册图文并茂的河水厂建设方案文本送到宋致和市长的办公桌上时,宋致和吃了一惊:"这么快就搞出来了?"

史隆甫说:"吴健豪开夜车搞出来的。平日里看他不慌不忙、漫不经心的,干起活儿来还真有股狠劲儿。"

宋致和一边翻看,一边感叹说:"看来咱们引进的几位专家都不是吃素的,有那么两把刷子。"

这份项目建设初步方案,让郑州市领导刮目相看——他们看到了吴健豪的专业学养、敬业精神和工作效率。

吴健豪(1919—1968)是郑州市政府领导专程赴沪三顾茅庐恭请入郑的专业技术人才之一,筹备河水厂这一年还不到35岁,正值盛年,风华正茂,一米八几的个子,人高马大,气度卓然不群。吴健豪出身世家,新中国成立前毕业于之江大学土木工程系,成绩优异,在上海创办了一家小型营造厂(建筑公司),对城市基础设施建设尤有研究。1945年与之江大学经济系同学江汉贞结为夫妻,育有两子;1953年响应郑州市政府的热情邀约,抛家舍业来到郑州,自愿投身于这座既古老又年轻的新兴城市的建设热潮。他另有一个标签化的身份——美籍华裔著名物理学家吴健雄女士的亲弟弟——他们兄弟姐妹四人,父亲吴仲裔分别以"英雄豪杰"名之(长子吴健英,独女吴健雄,次子吴健豪,幼子吴健杰),显示出他对儿女的人生期许。除四子吴健杰幼年夭折外,其他三人皆接受了高等教育,学有所成,尤其吴健雄,是享誉全球的著名科学家——只不过吴健豪初来郑时,姐姐刚刚担任哥伦比亚大学副教授,尚未功成名就。

吴健豪工作的郑州市建设局,办公地址和宋致和市长一个院子——郑州市政府大院,即千年郑州州衙和民国郑县县衙所在地,门前的东西向道路今天称为"商城路"。民国时期的中原大战,蒋介石动用飞机轰炸冯玉祥的军队,曾往院子里扔过炸弹,抗战时期日寇两度轰炸郑州,这里也曾遭受重创,古建筑几无遗存,人民政府成立后,为给各部门提供办公场所,对民国时期的房舍加以修缮利用,又在院中加盖了多组平房,形成院中有院的格局,整个大院屋宇环列,步径连属,槐榆成荫,质朴无华而充满活力。郑州市政府1948年在这里挂牌成立,十年之后才迁往西郊初步形成的工业新区之中,市政府新址后来被称为市委北院,处在中原路、嵩山路、互助路、百花路合围之中,紧靠互助路的市政府办公楼被称为市人委大楼,宋致和市长刚刚搬到新楼上没几天,就离开郑州到省委工作了。20世纪60年代一路之隔的市委南院建成后,市政府迁入著名的"七层大楼"办公直至今日——这些都是后话。关于市政府老院的环境和工作场景,不少人的记忆虽然漫漶不清,却是心驰神往、带有温度的。曾经担任郑州市建筑设计院总工程师的杨国权先生恰好有一段和吴健豪在那里一道工作、一起生活的共同经历。

杨国权先生1953年毕业于上海同济大学土木工程专业,这一年郑州市副市长史隆甫再次赴沪求贤,到上海请华东局人事部门帮助协调解决郑州急需的城建方面的专业人才,在这种背景下,他冥冥之中与郑州结缘,作为应届毕业生服从祖国分配北上中原,手执派遣证和介绍信到郑州市人事部门报到,旋即至市建设局上班。据杨国权回忆(2022年3月15日,访谈者嬰父、党华、杨沪生),他报到时上海来郑的程壬(后来曾长期担任郑州市建设委员会副主任职务)、吴健豪,武汉来的叶运奎(后来曾长期担任郑州市规划局总工程师职务)等前辈均已陆续提前到岗,他们同在一个部门工作,也同在一个灶上吃饭——市领导对这几位南方人奉若上宾,为了照顾他们的饮食习惯,指示建设局专门为他们设了一个独立小灶,烹制可口饭菜,调理家乡风味。厨师王大田手艺高超,出身于烹饪世家,据说其父曾经担任过慈禧太后的御厨。小灶的伙食并不奢华,但真心讲究,细米白面,花样翻新,标准远超宋致和、史隆甫等市领导和大家共享的大食堂,这引起政府大院中无数人的羡慕嫉妒。吴健豪体态健硕,胃口良好,又性格直爽,不喜欢吃的菜品不闻不问,遇到特别对他口味的吃食则勇往直前,旁若无人,大快朵颐。同席者作恼羞成怒之态,以箸击桌,笑话他吃得太多,给别人留下的份额不足,他哈哈大笑,冒出一句英语:

Proportional to mass.

他是说:他的食量与自己的体形成正比——美食也应该按食客们的身材、个头分配。他的幽默让同席者忍俊不禁,无奈只好看着他饕餮大嚼。他以一种既率真又幽默的品质,赢得同事们的好感。吴健豪待人热情诚恳,与人为善,在美食之外,他从来不会和同事们发生利益纷争。

吴健豪提出的建设方案很快交付讨论。根据文中的初步意见,郑州市当月就开始进行水源勘察与厂址比选工作。参加现场考察和研讨论证工作的单位包括黄河水利委员会、省人民政府水利局、河南省治淮总指挥部及郑州市各有关部门。经过数月来的现场踏勘、测算计量,在掌握大量数据的基础上提出了引黄入郑、拦蓄贾鲁河水和井群取水三个水源比选方案。1954年3月17日,郑州市召开专题论证会,会议将对三个方案进行利弊权衡,做出优劣判断,确定最终实施方案。根据省委书记潘复生的指示,郑州市政府专门从北京邀请中央上下水道设计院院长兼总工程师刘莆祺参加会议,发表指导意见。这位国内顶级专家的到来,让此次论证会陡然提高了规格,受到省市领导和城建行业的关注。

刘莆祺(1904—1955),我国早期自来水专家,有"中国自来水专业第一人"的盛誉,陕西富平县人。1925年清华大学毕业后赴美留学,入康奈尔大学土木工程专业学习,获工学硕士学位,之后在纽约顾问工程处任自来水工程师。1931年发生日本侵华的九一八事变,刘莆祺毅然回国效力,在南京全国经济委员会卫生实验处任职,后转赴天津济安自来水公司任总工程师。天津沦陷后,刘莆祺不顾日本人威逼利诱愤然去职。天津解放前夕,又不顾美国领事馆的劝说,和美籍妻子坚持留在国内,为新中国的城市建设和供水事业做出了卓越贡献。1954年国家建工部决定成立全国性的给排水设计机构,负责为全国各大城市的城市基础设施建设提供工程设计和技术咨询、专业指导,中组部经过考查直接任命刘莆祺为中央上下水道设计院首任院长兼总工程师。"士为知己者死",刘莆祺感恩于党的信任,时逢新中国成立后全国第一波城市建设高潮,他激情四射,全力以赴奔忙于全国各地,常年处于超高强度的工作状态,积劳成疾,1955 年年龄甫过五旬便因病去世。英年早逝,令人痛惜,郑州人尤其惊愕悲痛,他去世的时间距来郑参加会议仅有一年,他那一口纯正的陕西关中方言,言犹在耳,尚未弥散。

省委书记潘复生之所以专门指示邀请刘荨祺参会,当然首要原因是刘代表了国内城市供水专业的最高水平,新中国成立前他利用国际先进技术改造国内水厂滤池,设计建造了华北地区第一座新式快滤池;新中国成立后他又开创了滤池运行系统新的控制技术,达到当时国际先进水平,这一技术随即在青岛、北戴河水厂应用并列入当年清华大学给排水专业的教材;由他创建的我国首例在潮汐河流上"避咸取淡"的水源工程,消除了当时天津市民喝咸水的痛苦。另外一个重要原因是,1950 年至1952 年他曾受平原省政府之邀,主持建造了全国第一个由中国人自行设计施工的新乡市(当时为平原省省会——后来有人将新乡地名风趣地直译为 New York)自来水厂和全市供水管网——此时,潘复生的身份还是平原省委书记(1952 年底行政区划调整,平原省撤销,潘接替上调国家计划委员会的张玺,出任河南省委书记),已和刘荨祺有过直接接触,对他的专业水准、行业地位和工作作风已有相当了解。潘复生希望河南新省会的城市供水系统也能够在规划设计和建设管理方面在全国不落人后,达到一个新的水平。

会议的发言和讨论是充分而激烈的。刘莆祺支持多数派的意见,推荐采用贾鲁河水源方案。会议最后意见渐趋一致,建议将贾鲁河方案作为实施方案报请上级批准。刘莆祺散会后专门给吴健豪交代他的未尽之言:近中期看,贾鲁河方案投资合理,工程难度不大,实施后可以有效满足城市发展的用水需求,但水源的利用不是非此即彼不相融合的。水井作为补充水源仍然会长期存在,而引用黄河水在未来某一天投资可充分满足时也是可以实现的,对未来应该有所前瞻——吴健豪此时已开始以新成立的郑州市自来水公司总工程师的身份开展工作,在会上介绍了郑州市水源环境的基本情况,汇报了建设方案的相关内容,刘莆祺对这位比自己小15岁的晚辈印象良好,以同行同事同志视之,希望他在郑州自来水建设中经受锻炼再上一层楼,成为全国供水领域的翘楚。

　　吴健豪深受教益,连连称谢。与刘莆祺道别后,他又陪同省委书记潘复生、郑州市市长宋致和及徐霖生(上海市自来水公司总工程师,这时候是郑州自来水工程的顾问)等一起前往密县(今新密市)山区、郑州南郊侯寨等贾鲁河上游节点察看水源情况,并沿着郑州西郊郑洛大道来到贾鲁河边拟定的河水厂选址位置——一个叫作柿园的地方踏勘。这一天时在农历二月中旬,春风初度,乍暖还寒。省市领导和技术人员同乘一辆大卡车,一会儿上车行进,一会儿下车察看,大家忘记了疲劳,情绪高涨,众声喧哗,一路讨论的话题,都离不开一个"水"字。

郑州地近黄河,是沿黄最主要的中心城市之一,国家管理黄河的专责机构黄河水利委员会驻守郑州,统揽青海、四川、甘肃、宁夏、内蒙古、陕西、山西、河南、山东九省区河务,有"黄河之都"的称谓,但整个市域范围(今日的六区、六县市)75%以上属于淮河流域,郑州市区除人工渠道外均非黄河水系,几乎全都是贾鲁河的天下。贾鲁河是淮河水系主要支流之一,主河段原称汴河,传说因元朝工部尚书贾鲁曾衔命主持修浚而得名。贾鲁河发源于郑州所辖新密北部山区,分东西两个源头:西源古称京水,亦称贾峪河,源于新密袁庄乡南湾长子沟;东源又分为三支,一是新密白寨乡杨树岗圣水峪,二是郑州二七区侯寨乡三里冰泉、温泉,三是二七区侯寨乡刘家沟九奶奶庙泉。东西两源在郑州市西郊柿园村西北汇流,然后在西北方向绕过郑州城区,向东南逶迤前行经中牟县进入开封,经尉氏、扶沟、西华至周口市汇入沙颍河。贾鲁河全长 246 公里,流域面积 5895 平方公里,其中郑州境内长度 137 公里,流域面积 2750 平方公里。20 世纪50 年代初贾鲁河水量充沛,下游可通舟楫。郑州市域的索须河、魏河、金水河、熊儿河、七里河、潮河、东风渠等,全都是贾鲁河的支流。有一种表述方法言简意赅——郑州人在郑州的地盘上视野所及,能看到的水面无论叫什么名字,都可以视为贾鲁河的组成部分——黄河除外。

明朝诗人薛瑄曾作诗《重过郑州》,云:"自古中州胜迹多,管城风物喜重过。西来驿路临京水,东去人烟接汴河……"诗中京水和汴河都是贾鲁河不同河段的别名,这几句诗也描述了贾鲁河由西向东绕城而过的实际线形。

京水这个名称曾经出现在唐代著名诗人王维的诗篇之中:

朝与周人辞,暮投郑人宿。

他乡绝俦侣,孤客亲僮仆。

宛洛望不见,秋霖晦平陆。

田父草际归,村童雨中牧。

主人东皋上,时稼绕茅屋。

虫思机杼悲,雀喧禾黍熟。

明当渡京水,昨晚犹金谷。

此去欲何言,穷边徇微禄。

唐玄宗开元九年(721年),王维赴济州途中随手写下这篇《宿郑州》,描写他的一日行程和见闻感受,有一种日记的感觉。篇名"宿郑州"指的是投宿郑州辖境,而非实指郑州治所。首句说他一大早离开古都洛阳,匆忙赶路,薄暮时分已经到了郑州地界的京水河边——可见他们主仆一行是策马疾行的,不然百十公里路途仅靠两条腿是无法实现朝发夕至的。"明当渡京水",是说他们要在京水河边的驿站过夜休息,打算明天天亮从京水桥上过河,向郑州城内进发。王维诗中的京水,即贾鲁河西源的京水河;他们第二天骑马走过的京水河桥,前文我们讲到过,

1000多年后的20世纪初年,慈禧太后和光绪皇帝回銮途中也曾在这里经过;冯玉祥在郑州西郊察看抗旱情况与农民宋老汉对话,地点也在附近。郑州自来水河水厂的选址正在此处——贾鲁河西源与南源的"Y"形汇流处,离京水河桥的直线距离大约400米,一个名叫柿园的地方。

柿园,既是村庄名称,又是特色景观——柿树是郑州地区(特别是荥阳、巩义)的主要果树之一,柿子、柿饼、柿霜是郑州传统特产,历史上久享盛誉。郑州西部地区的丘陵沟壑中,入冬后经常可以看到极具地方特色的田野风景——黑灰色的柿树枝干如同行草书的线条笔触在空中肆意舒展,经霜的柿子高悬枝头如同满天小红灯笼。河水厂碰巧选在柿园,有人解释说此为吉兆,有事事如意、事事圆满的寓意。

这里是郑州市的西大门,距西郊新建区较近,交通便利,离市区边缘1公里,距郑州热电厂不到两公里,离郑州电缆厂、郑州第二砂轮厂、郑州煤矿机械厂、郑州重型机械厂和郑州棉纺织企业集聚区只有4公里,水源电源充足,安全可靠又靠近需要保障服务的重点对象,地势平整,工程地质条件好,地耐力较强,且高程处在整个市域的较高地带,向市区的自然坡降为5‰,可以充分利用重力作用,减轻供水压力。河水厂设计日供水能力12.5万立方米,计划投资1179.4万元。供水设施的先进程度达到全国最好水平。河南省第二建筑工程公司承担河水厂全部基建施工任务。

1936 年出生的张书辰老人是柿园水厂最早那批职工的一员,全程参加了水厂的建设,从北京回到郑州,进入水厂工地的时候,他刚满 18 岁,水厂竣工时,他恰好 20 周岁。据张书辰回忆(2022 年 3 月 8 日,访谈者婴父、曹新力、郭振华;3 月 31 日,访谈者婴父、刘方明),1954 年之前他在北京同丰机器厂做工,老板刘少久抗战时期曾任国民党军修械师,为八路军维修过军械装备。郑州市建设委员会计划室主任、后来的水厂筹建处主任李甲寅是一位八路军老战士,抗战时与刘少久结识,后来一直保持着联系,这时候动员他来郑参加自来水厂的建设。经李甲寅热情鼓动、友情召唤,刘少久毅然抛家舍业,带领 7 位机械和水电技工来到郑州,成为柿园水厂初创时期的骨干力量,张书辰是这 7 人中的一员。1954 年背着行李卷来郑之后,张书辰再也没有离开过柿园水厂这个单位,从一个普通技工,成长为一名能工巧匠,一位企业技术革新、技术革命“双革”小组的核心成员,后来担任过水厂副厂长,成为郑州市给排水工程方面的实用型专家和管理型人才。1996 年退休之后,受聘在广州、珠海等地参加自来水厂和污水厂建设,2001 年赴柬埔寨以专家身份培训技工,参加某水厂的建设管理。他年少独身从北京南下郑州,成家立业,养儿育女,开枝散叶,直到功成身退,老骥伏枥,重出江湖,驰骋海外,直至年届耄耋,每段经历,都离不开与自来水的关联,血脉中流淌着创业的激情,也充盈着自来水的水压。他的家堪称典型的“水族馆”——儿子、儿媳、女儿、女婿、孙女都曾经或正在他参与创业的自来水公司上班，如果说他们家是郑州市与自来水行业最有感情的家庭，当非虚言。

1954年6月25日河水厂筹建处成立，1954年9月，施工单位进入现场开工建设——一个月之后，郑州市开始扮演省会角色，1954年10月31日，省长吴芝圃率领大部分省直机关干部由开封乘坐火车进入郑州车站，完成相关仪式后，在东郊进入工作状态，西郊的工业区也初具雏形，一派生机。郑州城市建设随同城市功能的转型和扩增也进入了一个新的历史阶段。1955年秋，河水厂主体工程完工，开始局部试验供水，1956年全面完工，投入正式运营。新建成的河水厂生产车间全部采用自动化设备，出厂自来水水质达到和超过当年的国家标准。河水厂正式送水后，满足了全市工业、服务业生产和居民生活用水的需要，热电厂、印染厂和国棉企业等用水大户得到了全面满足，供水管道在新建的城区地下密如蛛网，全面覆盖，并且延伸至东郊的金水大道和文化路上，郑州所谓的"行政区""文化区"实现了远程输送。——以柿园水厂投入运营为标志，郑州城市供水由"井水时代"进入了"河水时代"。

需要补充介绍的一个情况是，1955年国家发出通知，要求在基本建设领域贯彻节约方针，"主要应当通过改进施工方法、改善施工组织、减少材料浪费、节省管理费用等办法力求节约，在不妨碍工程进度和不降低工程质量的条件下，对设计可能进行适当修改者应作适当修改……"随即省委召开基本建设会议,严格贯彻关于厉行节约、反对浪费的精神,柿园水厂筹建处对照原设计进行了检查,对建设规模和投资计划做了调整,由计划投资1179.4万元调减为824.4万元,节省国家投资355万元,占原计划的30%;河水厂的建设规模也由原计划的日供水12.5万立方米,缩小为8.5万立方米,产能也压低了1/3左右——多年后有关人士反思,当时执行上级指示过程中有教条主义和形式主义的倾向,从后来城市发展的用水需求看,这个压缩是非理性、不可取的,为了实现投资的账面节省而伤及综合效益和长远利益,这才是真正的浪费。很快城市供水供应不足的矛盾开始显现,郑州市不得不采取一系列的补救措施、应急措施缓解供求矛盾,这是后话。

水厂建成后吴健豪已经是郑州城市供水行业的标志性人物。他不但主导了柿园水厂工程的前期准备,主持了建设期间的技术监督,还主抓了接下来的一系列技术改造、改建扩建工作。他当选为河南省政协常委和郑州市人大代表,开始频频参加各种政治和文化活动,全面融入当地生活,浓重的南方口音也开始变为"两掺儿"——河南话的语音和词汇已经占到一半以上。妻子江汉贞仍然在上海建庆中学教书,儿子吴肃和吴熙都随妈妈在上海生活,夫妻分居两地,吴健豪只有过年才能回沪探亲团圆。他不以为苦,习惯了郑州的水土和人情。平时住在厂里,周末单位有事就和同事们一起加班,没事时,他喜欢一个人跑到水厂附近的田野和荒地上打猎,既能锻炼身体,又可排解孤寂。

张书辰老人与当年的总工吴健豪曾有密切接触,他所在的水厂"双革"小组研究自来水井群运营自动化控制课题的时候,始终接受吴健豪的指导,而且同住在单身宿舍楼中,时常见面。吴健豪生性热情、平易近人,见面或挥手,或颔首,必打招呼,张书辰感觉他虽为企业高层,却可亲可敬,形同友人。1967年张书辰到上海参加一个行业协作会议,曾专门到位于瑞金二路明德村的吴家探访,在二层小洋楼里受到了吴健豪夫人江汉贞女士的美食款待。张书辰不小心丢失了随身携带的粮票——这在当年是食堂餐馆不可或缺的证券,一时间吃饭成了难题,他举目无亲,只好又跑到吴家告借,自然又得到江女士的出手相助。江女士恬静的微笑和轻声低语的优雅,让张书辰十分感动,记忆尤深。

有一件上级组织交办的工作,和自来水专业毫无关联,让吴健豪念念不忘,却守口如瓶、保守秘密,不曾对外透露过只言片语——组织上找他谈话,希望他和姐姐吴健雄保持联系,适当的时候动员吴健雄回归祖国、为国效力。

吴健雄(1912—1997),是世界上最杰出的实验物理学家之一,有"核物理女王""当代居里夫人"之称。美国全国科学院院士,中国科学院首批外籍院士。她数十年致力于核物理研究,献身科学与教育事业,在国际物理学界赢得广泛尊敬。她在物理学上的卓越贡献,包括证实杨振宁、李政道的"宇称不守恒"理论,促成这两位华裔科学家获得了诺贝尔物理学奖。吴健雄1934年毕业于南京中央大学,第一份工作是在杭州浙江大学任助教一年。她长弟弟健豪 7 岁,姐弟情深,为了亲自照顾弟弟念书,专门把弟弟带在身边,一起在杭州生活。1936 年赴美求学,之后一直留在美国发展,直到 1965 年,近 30 年间姐弟不曾相见。

党和国家早就注意到吴健雄的非凡成就,希望她能像钱学森那样归国工作,为实现国家的科技进步和跨越式发展做出贡献。20 世纪 50 年代曾通过她的父亲吴仲裔老人写信转达这个意思,1962 年秋天北京有关部门到郑州约见吴健豪,希望他关注姐姐参加国际交流活动的动向和线路,等待时机,争取有机会和吴健雄在境外相聚。

吴健雄何尝不思念祖国、思念亲人? 吴健雄最想念的亲人有两个,一个是弟弟吴健豪,一个是亲叔叔(吴健雄称之为小伯)吴琢之。吴琢之是我国早期的汽车工业与运输工程专家,1919 年赴法国求学,毕业于里昂工业学院汽车专业,留学期间与同在法国的周恩来、邓小平等结识。他也是吴健雄赴美留学的主要资助人。吴健雄和亲人相见的心情也许更加迫切——她出国求学时才 24 岁,转眼间已是年过半百,父母、兄长已相继去世,只有健豪和叔叔尚在人间,叔叔又日渐年迈,她远在大洋彼岸,思乡怀亲之情与日俱增。她偶然听说杨振宁和自己的父母兄弟刚刚在香港相聚,马上和丈夫袁家骝(美籍华人,著名高能物理学家,袁世凯之孙)商量,认为这是一个信号:中美之间的铜墙铁壁已经在开启一道门缝——难道我们不可以仿效杨家的办法,在中国大陆与美国之外的"第三地"骨肉团聚吗? 1965年2月6日,袁家骝执笔给郑州的吴健豪写信,提出在香港与他和琢之叔见面的方案。吴健豪收到姐夫的来信,兴奋莫名,立即向郑州市政协领导汇报,提出赴港探亲的书面申请。这个信息直接传递到国家有关部门,得到高度重视。省委统战部部长刘鸿文、市委统战部部长朱翔武(当年和宋致和市长一同来郑任职,主持郑州市一区工作)一起和吴健豪谈话:同意他前往香港与姐姐、姐夫见面,畅叙别情,同时希望他向姐姐多多介绍国内社会主义建设的伟大成就。吴健豪成行前,省委、市委统战部领导专门设宴为他钱行,并诚恳地说,动员姐姐回国的事,成不成都不要操之过急,请他们大胆开展工作,不要有思想包袱,尽心尽力就好。吴健豪身负组织托付,深感组织信任,压力缓释下来。

吴健雄得到弟弟传来的消息,给吴健豪回信第一句话就是:"闻讯快慰之至!"当年7月7日,吴家骨肉团聚,吴健豪夫妇、琢之叔叔、吴健雄和丈夫袁家骝在港日夜相伴10日。畅叙亲情乡情之后,吴健豪又滔滔不绝畅谈国情——他当然没有忘记党组织交给的任务,尽其所能介绍了全国各地的建设成就,说明国家对她回国工作的殷切期盼,告诉她许许多多海外游子归国后所受礼遇和信任的情况。姐姐、姐夫听后深受感动,但同时表示,姐姐正在专心于手头的科研项目,更重要的是,她的研究工作需要世界最先进的技术装备的支持,而国内还不具备她所需的设备条件,所以回国的事只能以后再议。

吴健雄与吴健豪等人的合影　资料来源：《吴健雄纪念文集》，江苏凤凰文艺出版社，2018 年版

　　1965 年 7 月，吴健雄与大陆亲人在香港聚首。图中右一为吴健豪，右二为叔叔吴琢之，右三为吴健雄，左一为吴健豪夫人江汉贞。

回来后吴健豪按照组织安排到北京向中央统战部做了汇报,他被安排住进民族饭店,受到了贵宾级的热情接待,统战部领导详细了解了姐弟的交流情况,感谢吴健豪为国家做的有益的工作。因为涉及机密,按照上级交代,香港之行的详情吴健豪回郑后三缄其口,未向任何人透露。他的香港之旅对普通郑州人而言可以说是秘密任务——吴健雄身份敏感,参加过美国研究原子弹的"曼哈顿计划",之后又一直参与美国的尖端科学技术研究,中美两国外交隔绝、关系紧绷,与中国大陆方面接触会给她本人带来不必要的麻烦。单位领导和职工多次打听吴健豪在港期间的所见所闻,他都语焉不详,顾左右而言他。他绝没有想到,这件事不久后竟然给他带来了灭顶之灾。

香港团聚后的第二年即 1966 年,叔叔吴琢之因病亡故。这一年,十年"文革"也拉开序幕,整个国家进入非常时期。吴健豪受到了强烈冲击。造反派先后为他总结了五大罪状:一是新中国成立前开办企业,是剥削劳动人民的资本家;二是在城市供水系统长期高高在上,是反动技术权威;三是好吃好喝,讲究穿戴,资产阶级生活作风严重;四是喜欢四处打猎,舞枪弄棒,仇视伤害贫下中农(一次打猎,曾误伤过蹲在草丛中解手的柿园村村民);第五条最要命,说他是长期隐藏在郑州城建系统的汉奸特务,里通外国,到香港和境外势力接触,妄图颠覆无产阶级专政……他在各种批判会上被人侮辱,甚至被拉到水厂门口游街示众。走在路上,身后有人指指点点,把他当作谈资和笑料。被污名化之后的人格尊严,化为齑粉随风散去。

吴健豪蒙受不白之冤,痛苦不已,又求告无门,有一种被人抛弃的感觉,没人为他伸张正义,也没有领导出面为他洗刷罪名——知情的领导们也一个个被打倒、被放逐,早已失去话语权和庇护能力,都被卷入了无法自拔的政治涡流。吴健豪苦撑两年,看不到希望。1968年夏季某天,他在厂内独自枯坐一天后,跳入自来水净化水池自杀身亡。举身赴清池,与世永别离。

据说吴健豪自杀的消息在事发许久后不知通过什么渠道传到了周恩来总理耳中,周总理异常震怒,当即打电话批评河南省和郑州市主政领导,斥责他们保护不力、严重失职。军人王辉开始主持郑州党政大局,1971年郑州市政协专门为吴健豪召开了平反大会,对吴健豪的一生做出了客观评价,对他在郑州城市建设领域的贡献给予了赞扬,洗刷了泼在他身上的污水。自来水公司的军代表和相关人员,专程到上海瑞金二路吴家道歉。张书辰因为熟悉路径,所以这天与众人同行,负责把这些人带到吴家。当时在场的人说了许多道歉的话,张书辰记得特别清楚,吴健豪夫人江汉贞女士异常冷静,她低声说:"人已经不在了,我能说什么呢?"

这句话她轻声说了两遍——她没有情绪激动,也没有接受道歉。

1972年尼克松总统访华,中美关系开始实现正常化,之后中国政府及有关部门先后九次邀请吴健雄和袁家骝回国做学术交流。1973 年 9 月，吴健雄在阔别祖国 37 年后首次回到家乡访问，这才详细了解了弟弟的罹难经过，她在上海旧居里在父母遗像、弟弟健豪的遗像前行礼献花，哽咽无语，潸然泪下。1973 年 10 月 15 日，周恩来总理在北京人民大会堂接见袁家骝、吴健雄夫妇时提及吴健豪的不幸遭遇，沉痛地说："我一开始不知道这些事情，等人家告诉我时已经迟了。这是一场全国性的运动，很多地方有过火行为，我的亲戚也受到了冲击。听说令尊令堂的墓地也遭受了损坏，以致吴教授无法前往祭扫——真是太抱歉了。"周总理的真诚道歉，让吴健雄心中稍感安慰。

第四章　东逝水与西流湖

　　柿园水厂投入运营后,郑州城市供水的供需平衡并没有维持很长时间。

　　20 世纪 50 年代的后 3 年,处在"大跃进"时期,各种生产的增长处于亢奋状态,产业用水也超常增长——用电量和用水量历来是考察产业规模和产业结构的重要指标,它们和产业规模的增长速度成正相关关系,和产业结构的先进程度成负相关关系。1959 年 7 月 11 日,正值"大跃进"高潮,这一天供水达到高峰极点,柿园水厂日供水量冲高到 83976 立方米,这是从来没有达到过的纪录,已达水厂设计能力的极限,一直在满负荷运行。尽管如此,自来水还是供不应求,全市出现供水紧张局面。市政府一边责成自来水公司采取措施保证安全生产,一边向全市人民发出节约用水的紧急通知。同年 10 月,郑州市对柿园水厂进行了扩建改造,增加日供水能力 4 万吨,一度缓解了全市供水紧张的状况。

　　以后的 10 年中,郑州市的城市供水能力和用水需求交替上升,轮番领先,攻守之势始终处于胶着状态。柿园水厂又进行了多次改扩建;1960 年新建了金水路井水厂(今中州宾馆东邻),增加了可供量,及时缓解了行政区一带省直单位和居民区供水不足的矛盾。1966 年夏天气温反常,烈日炎炎。6 月 6 日气温高达 42.5℃,为新中国成立以后气温最高纪录。从 6 月 19 日晚开始,贾鲁河持续断流 20 多个小时,河底裸露。柿园水厂 6 台机组被迫停泵 5 台,仅剩 1 台开机,还控制阀门半负荷运行。城市供水的稳定性出现大幅度的季节性震荡,供水安全频频示警。

到了 1969 年,城市用水更加困难,虽然采取开凿新井弥补河水不足、贾鲁河穿泉等开源措施,但也很难满足城市用水需求。1970 年 3 月,由于长期干旱,贾鲁河上游水源断流。有关部门预测报告,照此下去,郑州市在 20 天至 1 个月后将出现全市断水,各种生产活动将要停摆,市民群众将面临前所未有的严重恐慌。城市供水安全不再是季节性难题,已经成为常态化困局。

小打小闹已无济于事。能否调整供水战略,在开源方面实现重大突破,采取根本性举措解决城市发展和稳定的瓶颈问题,是此时郑州当政者面临的重大考验。

主持郑州工作的王辉压力山大。他问计于熟悉市情、水情的郑州郊区干部,问计于"文革"前长期在郑担任领导职务、现在协助他工作的几位同事,一幅"引黄入郑"的蓝图摆在了王辉面前。"王司令,就看你下不下这个决心啦!"

这位以现役军人身份主政郑州的中年汉子被"引黄入郑"

这个概念深深吸引,胸中波涛奔涌,产生了一种他曾反复体验过的临战的激动。

王辉(1923—2010),曾用名王启德,出生于江苏省涟水县,祖籍江苏省赣榆县。1938年7月参加新四军,1939年8月加入中国共产党,先后参加过抗日战争、解放战争、抗美援朝战争、抗美援越战争,出入沙场,战功卓著,多次负伤,喉部曾被子弹击穿,腿骨曾被弹片打断。1954年从朝鲜战场胜利归来,奉派进入苏联莫斯科古比雪夫工程学院(现为莫斯科国立建筑大学,是俄罗斯建筑学界顶级学府)学习,完成5年本科学习,以优异成绩毕业。回国后,任军委工程兵军训处长,1964年任工程兵53师师长。1967年他奉命从越南的战火硝烟中撤回国内,根据周恩来总理的指示率部前往平顶山市,执行确保煤炭生产安全和社会治安稳定的任务。工作初见成效,没有来得及稍稍喘气,又接中央指示,要他赶往郑州,主持省会大局,担任河南省军区副司令兼郑州警备区副司令、郑州市革委会主任、郑州市委第一书记。集党、政、军主官职务于一身,这种安排在新中国成立后的郑州是绝无仅有的。直到今天,王辉在郑州民间仍是一位传奇人物。有人称他为王书记,有人称他为王主任,还有不少人更愿意喊他王司令——这也许表现了当年社会上普遍存在的"军人崇拜",也反映了大家对他雷厉风行、敢作敢为的军人风度的由衷赞赏。

"引黄入郑"的工程方案早在柿园水厂筹建之初就曾经是

王辉像　摄影:于德水

　　郑州是王辉烽火战场之外另一个建功立业、洒满汗水的主要阵地,王辉夫人也有过在郑州担任企业领导的经历,所以这个家庭对郑州人有一种类似于乡亲和战友那样的浓酽的情感。郑州人念旧重义,来访者络绎不绝。

专家热议的郑州水源三大备选方案之一,可见具有一定的技术、经济可行性。但令人望而生畏的是,郑州市区距离黄河25公里左右,这中间既有横亘的山岭沟壑,又有多条河道穿越,地质条件复杂,工程类型多样,引用黄河水需要建设提灌站,把河水用抽升的办法从河道送至高差较大的河岸邙山山头,然后建造数十里长渠,利用河水自重进行远距离输送,逢山则凿隧洞,遇水则架渡槽;黄河水泥沙含量较大,还需要修池沉沙,避免渠道淤塞。更重要的制约是所需投资巨大,全国全省都处在如此艰难的时期,没有资金来源,无人承诺支持,完成这样一个庞大的工程,谈何容易! 一些人了解该方案的内容后,虽然不动声色,不表示反对,但在内心深处却打了一连串问号和一连串惊叹号。

工程兵出身的王辉却高度乐观。当他了解"引黄入郑"这个概念后,就开始对它朝思暮想、念念不忘,一刻也难以忘怀。黄河从郑州旁边白白流淌了无数年,王辉听到了郑州文士的一种叩问:人都说黄河是母亲河,但祖祖辈辈郑州人都没有喝上过母亲的乳汁。贾鲁河是淮河的分支,淮河与黄河相比,只能算郑州的姨妈。多年来郑州不得不靠吸吮姨妈的乳汁成长发育,我们啥时候才能享受母亲的哺育,喝上母亲的乳汁? ——王辉被这个母亲和姨妈的比喻打动了:让郑州人喝上母亲的乳汁,让郑州城再无水源短缺之忧! 这个想法让王辉激动不已。

引黄工程的技术问题、投资问题在王辉看来都不算什么问题:开凿沟渠、利用黄河水的工程,战国时期的魏惠王干过,隋朝

作者到王辉（右一）家中拜访　摄影：于德水

的杨广也干过,"鸿沟工程"和"通济渠工程"哪一个比"引黄入郑"简单省事?说到投资问题,王辉发问:林县人民战天斗地修建人工天河红旗渠,中央给了多少钱,省里又给了多少钱?靠的全是林县人民的义务劳动和节衣缩食!用毛主席人民战争理论武装头脑,可以打赢淮海战役,也照样可以打赢"引黄入郑"之战!动员群众、依靠群众,利用蕴藏在农民群众中的巨大能量,采取工农协作、城乡联合的方法,可以解决引黄工程中的一切难题。引黄成功之后,既可以解决城市生产生活用水问题,还可以解决水渠沿线农田灌溉的问题,让受益的范围遍及城乡。这种功在当代、利在千秋的工程,再不动手,更待何时?

王辉带领当时市革委会领导班子成员王黎之、陈文书、彭辉、王钧智、张质彬、杜德新和有关技术人员到黄河岸边翻山越岭、反复踏勘,为引黄工程的首要项目提灌站寻找最佳选址。他们最初看中了荥阳县境内的桃花峪——古《河阴县志》上说:桃花峪"夹岸多桃林,春三月时,游人为之目眩",这个春光烂漫的山沟是黄河中游与下游的交接点——今天前往观光,可以看到高高耸立的地理节点标志塔。荥阳县当时归开封地区领导,与郑州不相隶属,事不关己,高高挂起,表示难以配合。与开封地区紧急沟通,依然协商未果。当年条块分割、地区分割、界限分明的管理体制,让郑州人望河兴叹,无可奈何。王辉按下心头的怒火,重新踏勘另寻出路,最终决定把提灌站的位置摆放到位于郑州郊区古荥公社境内的五龙峰上,这里距桃花峪直线距离只有 3 公里。王辉岂是忍气吞声之人，一年后省里宣布荥阳县划归郑州管辖，人们不难猜测这件事与提灌站选址受阻被拒的因果关系。王辉虽然从不重提旧事，但荥阳当事人的尴尬是可想而知的，他们眼看着 3 公里以外的山头面貌日新月异，默然无语，面有愧色。因为他们的懒政和狭隘，荥阳沿黄山区错失了借力重点工程搭车发展的良机。

引黄工程以五龙峰下的黄河滩为起点，以郑州西郊柿园水厂为终点，引水渠道 25 公里，渠道线位穿过郑郊古荥公社和沟赵公社。起止点和基本线位确定后，勘测设计迅疾跟进。郑州郊区的工程技术人员和河南省水利学校的部分老师承担了大部分勘测设计任务。为了满足尽快开工的要求，同时还要获取精准的数据，他们披星戴月，沿着 25 公里的工程线位徒步跋涉五六个来回，特别是沿黄山区，地形复杂、高程多变，他们背着沉重的仪器和标杆标尺，上山下沟，爬树攀藤，一边是高强度体力消耗，一边是日复一日的啃干粮、喝凉水，风餐露宿，一个月下来，测绘任务基本完成，而参战者却个个变得又黑又瘦，面目全非。

为加强引黄工程的统一领导，市革委会决定，成立郑州市引黄工程指挥部，由郑州警备区副司令员许连方任指挥长，郑州市革委会工交组长贾毓茂为副指挥长，指挥部靠前设置，办公地点在黄河南岸公安分局和铁路小学中，负责组织加工、采购，协作解决工程所需的大型水泵、闸阀、电机、管道及其运输、安装任务。郑州郊区革委会也抽调、借调省市属专业人员和区属单位干部职工共数十人成立了强有力的工程指挥部(指挥长于明,"文革"前任郑州市蔬菜研究所所长),具体负责参战队伍的任务分配、协调指挥以及工程的宣传鼓动、技术服务、交通保障等。

1970年7月1日,王辉在邙山组织了声势浩大的誓师大会,下令引黄工程全面开工。虽然大部分设计图纸还没有完成,大部分工程机电设备还没有制作,大部分建筑材料都不到位,大部分工程投资尚未落实出处……但他还是决定强行开工——王辉习惯组织"三边工程"(边勘察,边设计,边施工),这种工程组织模式,因为它造成的技术上、安全上、投资上、收益上的不确定性和严重隐患早已备受诟病,如今更是被明令禁止,但当时王辉以工程兵的视角和军事行动中的逻辑看,这不但是合理的,也是必须的——他率部参加朝鲜战争、越南战争,承担战场军事设施的修建任务,在战火硝烟中没有任何一次是按部就班、从容不迫组织工程的,时效是获胜的关键,只有想方设法、争分夺秒抢占先机,才有可能获得战场的主动。再说,引黄入郑工程只有尽快打响战斗,才有可能振奋久旱之中盼望虹霓的民心,才能争取工农商学兵的广泛支持,才可以动员更多的社会资源以满足工程的迫切需要。王辉的另外一个算计是,引黄工程初期阶段以土方工程为主,以人力劳动为主,势必推行"人海战术",三夏大忙后尽快开工,夜间气温较高,工地聚集的大量劳动力对食宿条件要求较低,除妇孺病弱者外,多数人可以露天过夜,不需大量的临建设施,待到秋深冬寒之时,大量土方工程已经完成,现场人数就有可能减少过半,安排住宿场所的困难会有所缓解。

工地形势果然不出王辉所料,开工之后各段工地立即变成人民战争的汪洋大海。据统计,参加土方开挖工程劳动的人数最多达到 7 万人。郊区农民表现出了极大的劳动热情,他们参加引黄劳动,除了挣正常农业劳动的工分外,没有一分钱的补贴,能免费在工地吃上几个热馍已经心满意足。郑州郊区所有的人民公社和全部大队都领受了施工任务——施工任务分配原则是,引黄工程完工后受益多的单位施工任务多分一些,受益少的单位任务分得轻一些,不受益的单位也适量分配一些支援性任务,但实际情况是,没有任何单位计较多寡、拈轻怕重、讨价还价,他们把分得少看作是对自己实力的轻视和矮化。距邙山数十里外的公社、大队也组织人力积极参战,他们明知按已知的设计,工程完工后无论是生活饮水还是灌溉用水,他们都难以有所沾润,但他们把参加会战当作一项政治荣誉,绝不愿拱手让人。例如圃田公社东周大队远在郑州东部,和引黄干渠最近处的距离也有 15 公里,没有利用渠水的前景,但他们参加会战的男女劳力始终保持在 300 人以上,承担的任务又是最远端的邙山提灌站梯田形台阶工程,中途回家一趟,需要一天一夜的路程。全郊区 11 个公社 232 个大队的社员,161 个社队企业,87 个乡村学校的师生,悉数投入到了引黄大战的战场。几十里长的引黄干渠施工线上,白天人山人海、红旗招展,晚上灯火辉煌、热气腾腾。

引黄干渠主要途经古荥、沟赵公社,除了承担修渠任务,他们还需要安排其他公社参加修渠会战的生活住宿场所,尤其到了秋冬之际,气温下降,给引黄大军解决住宿问题成了急迫任务。他们层层召开干部会、群众会进行动员,组织腾房子、拉铺草、垒灶台、送炊具,打扫房子,张贴宣传标语,迎候引黄大军的到来。当时只有3000多口人的石佛大队却安排了5000多人入驻,本村社员出门遇到的都是"熟悉的陌生人",仿佛真的进入了战争状态。石佛大队不少社员把自己的房子全部腾出,自己却投亲靠友住在别人家中。回民社员把自己精心收储的喂羊的过冬干草贡献出来,为入驻民工的炕床铺上柔软温暖的垫层。

转眼到了第二年,郑州城市供水不足的问题愈发严重。1971年,郑州最高日供水量达到了20.9万立方米,超过了常规的供水能力,处在一种不可持续的状态。工农业争水的矛盾不断加剧,顾此失彼,难以两全,贾鲁河水量减少经常断流,柿园水厂又远在西郊,送水到行政区和二里岗地区需要经过15公里以上的管路,管网配置不合理,供水压力疲软不足,又使得京广铁路以东地区缺水问题更加突出。四面冒烟,八方告急,王辉又一次迎来大考时刻。

按照日夜兼程的工期估算,邙山引黄工程抓得再紧,也需要3年左右的时间才能完工,无法缓解眼下的燃眉之急。王辉寝食难安,听取市革委会副主任兼郊区革委会主任杜德新等人的建议后,权衡再三,决定在邙山引黄工程完工之前突击实施应急性的另一个引黄工程。

1971年4月,郑州市在贾鲁河柿园村区段下游两公里处北陈五寨区段筑起一道拦河坝,提高河道水位,使柿园水厂进水口形成一座小型水库,水面面积达到30多公顷,调蓄容量为60万立方米。同月,在贾鲁河下游干涸的河道上开始修建皋村、苏屯、老鸦陈、南阳寨4座大坝和泵站,加上北陈五寨已建成的拦河坝,共5座闸坝,形成了等差排列的一个五级提灌系统,通过黄河花园口淤灌工程处闸门和岗李提灌站,将黄河水引入贾鲁河河道,通过前低后高、东低西高的五级泵站所安装的大型细流泵(每个泵站各有3台),用梯级提高的方法,将每秒3个流量的黄河水逐级输送到柿园水厂进水口中。

这个工程1971年4月21日开工,6月8日完工,郑州市组织全市企业和郊区农民3700多人参加了突击会战,战污泥、斗风沙,苦干近50天,在夏季供水高峰到来之前完成了这个应急性水利工程。这个工程的特点,一是工期短(不足两个月),二是投资少(利用贾鲁河现有河床,投资限于几处闸坝和泵房),三是见效快(用最快的动作化解了水荒)。

工程还带来了两个方面的社会效益和生态效益,对郑州的未来具有深远的影响:一是它让黄河水替代贾鲁河水成为郑州城市供水的主要水源,贾鲁河完成了它的历史使命,退居备用水源。虽然只有每秒3个流量,但足以畅怀痛饮,郑州百姓第一次通过自来水管网喝到了母亲河的乳汁。以此为标志,郑州市的

五级提灌设计图(部分)　杨国权绘图(1971 年)　资料来源:杨国权先生私人收藏

上:皋村大坝

下:北陈五寨大坝

城市供水由"淮河时代"开始进入"黄河时代"。二是在北陈五寨闸坝上游出现了一个浩瀚的水面,碧波荡漾,湖光可鉴。看惯了风沙扑面、旱地龟裂的郑州百姓突然间发现西郊郊野上意外出现了一个百顷大湖,那种惊喜是可想而知的。从此这座湖成为郑州西部生态环境不可或缺的一部分,以后的数十年间,它被定义为郑州的"水缸",还被视为郑州西郊的地理标志,成为郑州市民休闲游憩的公园,成为黄河作为母亲河介入郑州城市生活的一种景观形态和文化意象。

这个湖被命名为"西流湖"。王辉行使了命名权,他说:"滚滚长江东逝水,一江春水向东流,谁人不知全国的江河都是向东流的,贾鲁河自古以来也是由西南流向东北的。今天我们硬是让河水反其道而行之,西流成湖,乖乖地服从郑州人民的安排,为郑州人民服务!"王辉的话音里,充满了骄傲。当年社会主流观念的词典里,还没有"敬畏自然"一类的概念,人们更多具有的是"改天换地""誓把河山重安排"的壮志豪情。西流湖这个名字,既体现了成湖原理,也反映了王辉本人的性格,还折射了时代风格,被大家广泛接受并沿用至今,成为一个品牌资产——前些年有规划文件将常庄水库和西流湖合并称为"常西湖地区""常西湖水域",但"常西湖"这个名称并没有获得民间认同,形同弃用。

1972年西流湖初具规模,西流湖管理处成立。1978年为增加西流湖蓄水量和扩大参观游览面积,市委决定建设新五坝工

西流湖刚刚建成时的样子　资料来源:《西流湖街道志》,中州古籍出版

社,2018 年版

程,西流湖扩展增加用地 14.44 公顷,储水容量由 60 万立方米增容至 80 万立方米。湖中波光粼粼,岸边垂柳依依,游人如织。郑州锅炉厂工人为西流湖锦上添花,自力更生建造了两艘游艇,分别在五一劳动节和七一建党节下水,因而被命名为五一号和七一号,在湖边设北码头、中码头和柿园水厂 3 站,票价每站 5 分钱——大多数郑州人特别是青少年缺少亲水嬉戏和划船荡舟的体验,一时络绎不绝,乘游船游览西流湖成为时髦的周末安排和休闲消费。西流湖北区沿步行线路建造了两座仿古八角亭子,供游客驻足歇脚,一为"苍野亭",一为"快哉亭"。亭子周围山石点缀,花木掩映,既是观景之处,又是一道风景。

苍野亭有楹联曰:

激滟光辉,借得西湖一流水
空蒙气势,搬来中岳半寸山

快哉亭有楹联曰:

数千秋黄河文化,源远流长,悠也悠也,从今能继往开来,为河山添色,堪称幸事
十来载神州浩劫,风狂雨烈,乱矣乱矣,至此得文明安定,看景物宜人,岂不快哉

西流湖挖泥船油画（已故画家、雕塑家常宗贤 20 世纪 80 年代写生作品）

婴父收藏

西流湖（南区）湖边栈道　摄影：丁友明

　　新建成的西流湖公园南区位于中原路以北、郑上路以南、凯旋路以东、湖东路以西，面积达 97.6 公顷，相当于 3 个人民公园大小。

西流湖(南区)流云阁,市民游客合影　摄影:婴父

西流湖（南区）岸边吹萨克斯的老人　摄影：婴父

西流湖（北区）叠瀑　摄影：婴父

　　新建的西流湖公园北区位于化工路以南、郑上路以北、西三环以西、湖西路以东，包括了 20 世纪 70 年代形成的西流湖区域，面积达 81 公顷，约等于 4 个碧沙岗公园大小。

以上联语为改革开放初期担任郑州市委第一书记的李宝光女士所撰,游人至此观而赏之,品咂再三,玩味不已。

当年西流湖横空出世,一夜成名,既有城市供水的功能,又为城市增添了一个公园,改变了郑州城市公园"老三样"(人民公园、紫荆山公园、碧沙岗公园——后两个"文革"期间改名为东方红公园和劳动公园)的局面,受到市民的交口称赞。王辉主郑时期,还有一个可以与之媲美甚至知名度更高的案例不得不提:在城市中心位置,通过百日会战的方式建成了二七纪念塔,制造了当年郑州的另外一个都市传奇。

西流湖成湖工程尚未完工时,一个风雨交加的夜晚,二七广场交通转盘中矗立了整整 20 年的木质纪念塔根部腐朽遽然倒塌。二七塔是郑州革命史的标志,是城市精神的景观表征,兹事体大,不容犹疑,王辉果断决定,尽快建设新塔,建设一个造型新颖、气势雄伟,能够代表郑州形象的新二七纪念塔。他提出了设计要点,发动郑州建筑界、艺术界人士集思广益、献计献策,又邀请在河南下放劳动的著名建筑师林乐义先生主持,完成了二七双塔的方案设计。

林乐义(1916—1988),福建省南平县(今南平市)王台镇人,先后毕业于上海沪江大学和美国佐治亚理工学院。1950 年回国后担任北京工业设计院、建设部建筑设计院总建筑师(其间,应梁思成之邀担任过清华大学建筑系客座教授)。主要设计作品包括中南海怀仁堂与紫光阁(改造)、北京首都剧场、北

126

京电报电信大楼、北京国际饭店等。郑州二七纪念塔是他"文革"时期唯一的重要作品,也是全国"文革"时期摒弃"文革体"建筑语言的难得的成功案例。

1971年7月1日——中国共产党建党50周年纪念日这天——西流湖成湖工程完工22天后,二七塔开工建设,同年9月28日在国庆节前完工,号称百日工程,其实精确计算只用了89天,工期之短、形体之美、施工组织之奇、建筑质量之优,都让郑州市民惊掉了下巴。郑州市建一公司承担了施工任务,全市数十家单位参与了分工协作,从塔身的预制构件、琉璃瓦、特种玻璃等建筑材料的生产制作,到变配电设施的超前配置、施工现场的运输保障及电梯、塔钟的开发研制,八仙过海,各显神通,通过群策群力、通力合作,保证了工程之需。王辉若在郑州,则每天必到工地察看,现场协调关系、解决问题,实现了高效率的调度指挥。施工过程中,王辉还和林乐义协商,几度调整和优化设计,增加了双塔层数,提高了塔身高度,使二七塔的形体与空间效果更趋完善。

二七塔建成后,引起全城轰动,郑州市民每日有数万人进塔参观,排队等候参观的队伍从二七广场排到河南人民剧院(今天大卫城的位置)附近,盛况略见一斑。周恩来总理1973年10月陪同加拿大总理特鲁多到洛阳参观龙门石窟,途经郑州二七塔时,询问工作人员具体情况后深表嘉许,指示中央媒体加以宣传。自此,二七塔陆续现身全国各大媒体,开始向海内外广泛传

二七纪念塔　摄影:婴父

二七纪念塔落成距今已逾50周年。因为二七塔的存在,二七广场成为这座城市最具号召力、凝聚力、亲和力的公共空间,官方和民间都把这里当作城市客厅和礼仪场所,组织社会活动,安排节庆典礼,释放生活激情。

播。数十年过去,二七塔早已成为郑州的城市文化符号和城市精神的造像。2006年二七塔被国务院公布为全国第六批重点文物保护单位,晋升为全国共有的历史文化遗产,也成了老百姓心目中的"国宝"。

王辉1968年入郑,1978年离郑,前后在郑工作和生活了十年,其间有过重回部队短期任职,有过转岗郑州铁路局领导岗位的经历,后期担任省委领导职务,专任郑州党政领导职务的时间只有四五年光景。王辉主郑期间,做了不少事情,留下许多故事。除了打造西流湖、建设二七塔以外,他做的另外几件事,也深得民心,留下了口碑,在郑州民间具有广泛影响。

一件事是首倡和创办五七农场,就近安置下乡知青。从1957年始有知青下乡政策,之后十多年,郑州知青上山下乡的去处大多安排在南阳、信阳、周口、驻马店、许昌等地农村,分散插队,数人一组,住处主要靠挤、借、租用农民住宅解决,生活条件千差万别,融入乡村环境的能力也参差不齐,各种矛盾屡见不鲜。孩子远走他乡前途未明,家长忧心忡忡难以释怀,成为长期潜隐的社会问题。王辉提出郑郊农村有一定的接纳容量,可以创办农场对知青实行集中安置,孩子近在家门口,"离家不离郑,在郑州郊区安营扎寨"(王辉语),家长对孩子摸得着、看得见,再无后顾之忧,这有利于成千上万个家庭的稳定,下乡知青的就近安排还可以成为城市工业发展的后备力量——这种做法,全国未有先例,和"下乡插队"的规制不和,缺少政策依据,实施起来有一定的政治风险。在极左环境中,王辉甘愿承担压力,争取省里的允准。他还协调武汉军区撤销了工程兵在郑的农场建制,腾出地盘给知青使用。1971 年 1 月,在郑州市郊区和上街区试办 10 个五七青年农场。农场实行军事建制,农场相当于营级单位,场下设连,连下设排,排下设班。建知青连队134 个,下放城市中学毕业生 2 万多人。在取得经验的基础上,郊区又增加 5 个农场,连队达到 196 个;荥阳县建立 24 个农场、24 个连队;新密区 1 个农场、1 个连队;上街区 1 个农场、6 个连队。到 1979 年止,共建农场 41 个、连队 227 个,先后安置知青5.75 万多人。以连队为核算单位,集体食宿,由邻近的人民公社调整划拨土地,提供耕作条件,由挂钩工厂、市直机关干部和知青代表担任农场各级领导,实行严密务实的管理——知青农场各个连队根据市里的部署安排与全市 40 多个系统建立了对口关系,这些系统均向农场派出带队干部 1—2 人,两年轮岗一次。对口单位还在必要时帮助农场解决物资支援和技术支持问题,农场所在的人民公社也抽选贫下中农代表到农场和连队提供农业技术指导。五七农场除农业林业生产之外,还创办了一批生产农机配件、编织、皮鞋、烧碱、玻璃、玉雕等产品的工业小厂,增加了收入,改善了生活,也为发展郊区经济做出了贡献。围绕知青管理,全市形成了一个城乡结合、工农联动、和谐有序的工作体系。王辉跑遍了每一个农场和大多数连队,关心知青的生产生活情况,倾听他们的心声。今日均已年过花甲的当年知青回忆起"王司令"的音容笑貌,还充满着感激之情。

另一件事是治理和美化金水河,变污泥浊水为新的城市风景线。金水河贯通市区,是一条水位无常的季节性河流,同时又是城市行洪排涝的重要通道。多年失于疏浚管护,河道淤塞、污水四溢、蚊虫滋生、异味腾起。王辉认为凡天下名城,无一不是拥有一条风光绮丽的内河,沿河风景的优劣是城市发展水平的标志。他下令整治金水河,动员企业职工和机关干部参加挖河,甚至利用自己的军职身份调动工程兵部队实施重点突击,利用军车从外地运来石料护砌河坡,同时回程中把金水河的污泥拉到农村肥田,用心精算,一举两得。金水河道疏浚后排水功能得到改善,景观质量也有较大提升。王辉邀请刚刚完成二七塔设计任务的林乐义先生继续工作,指导金水河重要节点的景观设计——郑州本地建筑师林少清、杨国权参加了具体设计工作,结合闸坝设置的需要,先后在北二七路附近建造了跨河的"水上餐厅",在人民路附近建造了"金水元宵餐厅",两座仿古小品建筑将闸坝调蓄功能与商业服务功能巧妙结合,集功能性与艺术性于一身,建成之后,像二七塔、西流湖一样,又立即受到郑州市民的一致好评。这些工程以后数十年间从来没人以"形象工程""政绩工程"讥之笑之,是因为它们都有一个共同特点——它们的诞生之因,皆出于社会需求,它们无论是建筑还是空间场域都具有极强的公共性,普通市民群众都可以自由出入,毫无隔膜。

金水河水上餐厅　资料来源:20 世纪 80 年代郑州明信片

　　自古以来金水河不过是条季节性河沟,干涸时藏污纳垢,行洪时泛滥成灾。20 世纪 70 年代以后经过多次改造,金水河已经成为这座城市亮点纷呈的视觉长廊和花团锦簇的绿色绶带。

还有,王辉在郑期间还修建了中原路铁路立交,改变了清朝末年以来城市被铁路线东西阻隔、交通不畅的局面……

每每回忆起这些往事,王辉老人都记忆犹新,颇为自豪(2004年3月31日,访谈者婴父、于德水、刘荣增等)。王辉提起另一个并不广为人知的工程:郑州市东西向主干道金水路是一条著名的林荫大道,十里长街上没有林立的线杆、凌乱的飞线,各种城市管网当年经过梳理改造,全部实现了地下运行。那个时期全国各大城市都很少达到这个标准,处于先进水平。王辉说:这不是投资能力问题,这是理念问题。

王辉的内心深处的确有一种骄傲。他在郑期间决策迅速果决,办事强力推进,这种作风人所共知。也有少数人深感不适,私下议论,认为他过于强悍霸道。其实他的行事作风既是他个人性格、个人经历所致,更有其特殊的时代背景和身份要求:"文革"特殊时期,他临危受命,以军队干部身份主持地方政务,本身就是一个特殊的安排,得到过充分授权,在复杂形势下有临机决断的权力,所以不怕担当责任;他自带的军旅生涯中形成的纪律严明、令行禁止、直来直去的作风,提高了各项工作的运行效率,也颠覆了地方工作过去普遍适用的柔性的工作方法,摒除陈规陋习,他更是在所不惜;作为工程兵师长,他不尚空谈,不愿坐而论道,他有一种工程偏好——喜欢用突击作战的方式组织工程建设,推进项目进展,喜欢按照既定设计,调动一切资源,解决问题,去改变一些地方的面貌,创造一些新的物质形态。说他霸悍,虽然以偏概全,也不能说毫无道理,分析起来,原因大抵如此。他在特殊的时期、在特殊的城市,身处特殊的岗位,创造性地开展工作,取得了巨大成功,但这种成功是不可复制的。

1971年建成的西流湖,直到今天依然存在,半个世纪的时段中不断变换姿容,愈来愈光鲜亮丽,不过同期建成的五级提灌系统运行一年后就退出了历史舞台:一是因为沿途农业灌溉用水量逐日加大,城乡争水的矛盾日益突出;二是沿途污染源影响了引水水质;三是黄河水泥沙含量超高,五级提升的贾鲁河河床均被泥沙淤积,几乎淤平,无法发挥引水功能——这最后一条是其主因。有人说五级提灌系统的退出,证明这是一个失败的尝试,这种说法并不符合历史事实。五级提灌作为应急性措施当年为缓解城市水荒及时发挥了作用,功成身退也无可厚非。它为引黄中的泥沙处理问题提出了警示,提供了可资借鉴的经验,也是一个贡献。为郑州提供充足用水的任务,最终还是落在了邙山提灌站及引黄干渠工程身上——两者实现了无缝对接,没有出现空档期。

第五章　邙山与岳山

郑州城北、黄河南岸这片山岭被称为邙山完全是一个误会。

西起伊洛河入黄河的河口，东至黄河铁桥，其间(巩义一段、荥阳全段和惠济区一段)沿河起起伏伏逶迤连绵的土岭，乃黄土高原最东端的段落，是黄土高原丘陵沟壑与黄淮平原一马平川的接缝地带。黄河流过此处后，两岸再无山峦约束，河底高于堤外田野村落而被称为悬河，以一种更加开张宏阔的姿态奔涌东去，流向大海。

这段山地古称隞山，又称广武山，亦称三皇山，相互守望的山头海拔高度均不超过 200 米，缺少天下名山的伟岸和俊秀，貌似平淡无奇、朴野荒陋，却在华夏文明史上风云际会、异彩纷呈，是许多历史事件的现场，印下众多历史人物的屐痕：4000 年前大禹在这里治水，商王中丁在这里营建都邑，周宣王在这里狩猎搏兽；春秋时期，晋文公践土会盟，在这里结盟诸侯终成霸业；秦末楚汉相争，刘邦、项羽在这里鸿沟划界，中分天下——中国象棋棋盘中央的"楚河汉界"就是广武山中的广武涧(鸿沟)；位居"竹林七贤"首席之位的魏晋名士阮籍在这里抚今追昔，歌哭长啸;"诗仙"李白和"文宗"韩愈先后到此登临盘桓,留下珍贵篇章,李白当年在此俯瞰刘邦项羽两军对垒的"汉霸二王城"遗迹,吟诗一首,题曰《登广武古战场怀古》(其实他名气爆棚的那篇《将进酒》,有研究者认为也同时作于广武山之行,因为诗中有句"岑夫子,丹丘生,将进酒,杯莫停",李白提到的这两位莫逆之交都是河南老乡,岑夫子岑勋为南阳人士,丹丘生名元丹丘,久居登封少室山中,多次邀李白在嵩山常住,两人陪伴李白观河畅饮,其场所在广武山上的概率极大);宋代吕蒙正、王禹偁、黄庭坚以及元明清各代高官大儒、文人骚客,都在这里留下诗作墨宝……

广武山下又是郑州近现代史上的"龙兴之地"。清末兴建京汉铁路,铁路选线路经郑州,给郑州带来了前所未有的发展机遇,为郑州奠定了铁路枢纽的战略地位,而黄河桥桥位选址时,放弃了开封境、洛阳境的两个比选方案,最终确定在广武山下,这才是决定京汉线经由郑州的决定性因素——有人说"一座桥决定了一座城的前途命运",诚哉斯言,绝非妄语。这座黄河上的第一座大型铁桥落成于 1905 年底,至 1988 年废弃拆除——桥南端的五孔桁梁和桥墩没有拆除,被当作历史信息的载体保留下来,由交通设施变成了文物——残桥也是桥,桥的功能是连接彼岸,残桥的功能是连通过去,回望历史。

1952 年 10 月 31 日,毛泽东主席首次视察黄河,曾在黄河铁桥上从容漫步,而后健步登上广武山一座名叫"小顶山"的山峰俯瞰大河奔流的广角画面。下山时和随行人员行至半山坡,遇到一户农家——三孔土窑一个浅院,便转身入内叩访。一群不速之客的到来让主人手足无措。这家户主名叫刘宗贤,妻儿皆在家中,认出客人竟然是毛主席,惊喜莫名,拍手欢迎。刘宗贤双手捧上一个粗瓷大碗请主席喝水,恰巧毛主席的卫士同时也用自己携带的水壶水杯为毛主席倒上了茶水,毛主席推开卫士,接过刘宗贤的碗一饮而尽。刘宗贤的妻子感动得泪花闪烁,问:"毛主席,你咋自己来了?"

毛主席不解地反问:"这么多人陪我,怎么说是我自己?"

刘妻说:"我是说斯大林老人家咋没和你一起来?"

众人笑疼了肚子。当年中苏交好,如同蜜月,城市大街小巷随处可以看到斯大林与毛主席并肩站立的宣传画,刘妻以为两位领袖亲如兄弟,时刻不离。

毛主席诙谐地回答:"斯大林太忙,没有来。以后有时间我们一起来看你。"

现场爆发出掌声和欢笑——后来毛主席视察小顶山沿途一带被精心绿化美化,刘家窑洞也重新进行了整修,取名"光荣洞"以示纪念。

毛主席从刘家出来遇到闻讯赶来汇报工作的黄河桥工段党政负责人,一位姓乔,一位姓梁,两人向毛主席自报家门后,毛主席说:"你们俩和你们的工作是绝佳搭配啊,老乔老梁合伙建桥梁,一定能搞好。"众人再次被逗得开心大笑。毛主席这次视察

通往小顶山的悬索桥　摄影:婴父

毛主席 1952 年 10 月在郑州视察时曾登上这座小顶山,俯瞰黄河滚滚东流、铁桥飞架南北。

黄河,发出了"要把黄河的事情办好"的号召。这句话至今镌刻在郑州市金水路黄委会大门的花岗岩石墙上,成了大河上下所有河务员工的入职誓约。

广武山从秦末楚汉相争时开始成为天下闻名的古战场。宋人刘季孙有诗句云"楚汉兵相接,乾坤昼亦暝。虎争千里震,龙战四郊腥",极言战事之惨烈——改革开放初年,当地农民在汉霸二王城的土城墙中,还能不时抠出当年敌方射过来的青铜箭镞。魏晋以后历朝历代在此修庙建寺,勒石立碑,植柏种松,任人凭吊游览。明末李自成农民军在这一带大规模聚集活动,郑州知州鲁世任在此被杀。清末以后,由于连年战乱,庙宇古迹破坏严重,景色萧条,无人问津。1938年后,日本侵略军占领了广武山要塞岳山一带,烧庙毁林修筑碉堡,原有古建筑荡然无存。郑州解放之役,这里重燃战火,最后一次成为枪林弹雨的战场——国民党军在这里修筑工事负隅顽抗,留下了累累弹痕和光秃的山头。

邙山原本专指洛阳城北黄河南岸(向东延伸至郑州所属巩义伊洛河口)的浅山地带,"生在苏杭,葬在北邙"即指此地——洛阳邙山今有专门的古墓博物馆为这句天下名句做出注脚——汉魏之后这里被视为风水宝地,无数皇亲国戚、达官贵人瘗葬于此,墓冢相连,几无卧牛之地。由于广武山与邙山一脉相连,地理环境、山体结构等大同小异,民间不知就里者偶以邙山称之。1948年中原野战军解放郑州时使用的军事地图和上下行文、战斗总结中均以"邙山"之名标注此地,新中国成立后各种出版物追随其后,所以误解、讹传反而变成了普遍认知和主流称谓——邙山提灌站自然是由此得名。1987 年郑州市行政区划调整,撤销了郊区建制,将郊区与归并的金海区的一部分命名为邙山区。这个命名后来一直受到历史地理学者和省内文化界的质疑。根据专家学者的论证意见和持续建议,2004 年,经国家民政部批准,邙山区更名为惠济区(因域内隋唐大运河上的惠济桥得名),"邙山"之误才从体制层面得以纠正,邙山之名陆续从地名、机构名、商品名称各领域全面撤退消失,同时郑州市和洛阳市的地名重叠现象也随之化解——不过,"邙山""邙山头""邙山提灌站"这些词语直到如今仍然保留在郑州人的生活记忆和历史叙事之中,不使用这个名称,你就无法还原历史情境,难以再现当年氛围。

准确地说,邙山提灌站所处位置是广武山最东端的岳山片区——从桃花峪至黄河老桥长约 5 公里的地段,10 多平方公里的地域都属于广武山—岳山范围。兴建邙山提灌站的设想也是由生活在岳山山坳间的农民最早提出来的。当地百姓临水而居却长期饱受干旱之苦。有民谣曰:

邙山好比和尚头,黄沙滚滚使人愁。

山上吃水比油贵,山下黄河水白流。

山上光棍多,姑娘下山坡。

岳山地盘当年属郊区古荥公社,社队干部穷则思变,下决心引黄河水灌溉农田,他们谋划多年,打算由公社集资,组织动员几个大队的人力,兴修一座小型提灌站。计划上报郊区政府之后,得到杜德新等郊区革委会领导的肯定和支持——郊区"一不做,二不休",决定扩大设想规模,举全郊区之力,新建一个提水能力为 4 个流量的提灌站及配套设施,解决古荥、沟赵、老鸦陈、须水等公社的农田用水问题。王辉和郑州市委决策兴建的引黄入郑工程,起初着眼于解决城市供水问题,最终落脚到工农共享、城乡共济,关系到郑州发展的全局和长远利益,工程的规模、效益、组织难度和古荥农民的初步设想不可同日而语,但它们之间无疑存在着一脉相承的逻辑关联和空间重合。

引黄入郑工程 1970 年 7 月 1 日开工,经过全市人民的共同努力,1972 年 10 月 1 日宣布大功告成,正式竣工。

河南日报 1972 年 10 月 3 日头版刊载长篇报道《郑州邙山引黄水利工程全线竣工通水》:

在毛主席关于以农业为基础、工业为主导的伟大方针指引下,在林县人民修建红旗渠的革命精神鼓舞下,郑州人民自力更生兴建的邙山引黄入郑水利工程已全线竣工通水,并于 10 月 1 日分别在邙山渠首、石佛沉沙池、索须河渡槽等地举行了通水典礼。

《河南日报》的报道描述了典礼现场的情景：

邙山渠首和石佛沉沙池等地,红旗招展,当滚滚的黄河水穿过邙山隧洞,顺着数十里长的郑邙干渠注入市区西流湖时,沿干渠两岸人群沸腾,广大贫下中农望着奔流的黄河水,激动地说:旧社会,蒋介石扒黄河堤,危害人民,今日党领导引黄入郑,造福人民,这是毛主席给我们送来的幸福水。人们热烈欢呼:毛主席万岁……

这篇报道还记录了工程实施过程的情况,为我们留存了宝贵的史料:

……工程动工前,郊区贫下中农曾派代表到林县学习。林县人民在那样困难的地方建成红旗渠的伟大创造精神,使贫下中农受到了教育,鼓舞了斗志。工程动工后,郊区各社、队的贫下中农争先恐后到工地请求任务。大家一条心、一股劲儿,决心要实现引黄入郑,为改变郊区的面貌贡献力量。

鼓舞引黄干渠劳动者的精神力量,固然来源于对工程完工后如期实现效益的美好想象,但更多的是来源于河南安阳林县人民劈山引水改善生存环境的示范案例——红旗渠是20世纪

60 年代林县人民为突破千百年来干旱缺水的困境,在极端艰难的条件下苦战 10 年,靠一锤一钎一双手修建的全长 1500 公里的山间水渠工程,不仅解决了当时全县 55 万人的饮水和 54 万亩农田的灌溉之需,而且孕育了"自力更生、艰苦创业、团结协作、无私奉献"的红旗渠精神,成为耸立于中原大地的精神坐标和鼓舞全国人民的精神资源。古老的愚公移山故事及其不畏艰难、子孙相继、不达目的誓不罢休的精神,也是出自中原、感动全民的另一个精神动力——精神的力量在特定的条件下具有超乎寻常的巨大推力。《河南日报》这篇报道还介绍了工程建设过程中的几例英模事迹——引黄入郑干渠在修建渠首工程时,根据设计要求,必须把一个山头劈掉半个。担负这项艰巨任务的古荥、沟赵、祭城等公社的农民群众一锨一锨、一镐一镐,全靠人工将 20 万立方米土质山体全部移除。在开凿 9 条邙山隧洞的战斗中,农民群众不畏困难,一趟一趟往返数公里,每次都要爬上六七十米的高坡,把隧洞施工所需的 7 万多吨物料用小推车一车一车运到施工现场。工具不足,他们把打铁的烘炉搬到工地自行制作,凿洞所需的卷扬机,就是土法上马、利用旧水车改制而成的。被群众誉为"穿山虎"的关庄大队施工人员在开凿邙山隧洞时,为了争取时间,照明设备没有装好,就用马灯、手电筒照明,坚持挖洞不止;师家河大队所开凿的隧洞被命名为英雄洞——在一次施工中,出现了严重的塌方现象,几十立方米的大土块冒顶下落,随之山洞多处塌方,大小土块雨点般落下,十几个民工的生命即将被瞬间吞噬,在这千钧一发之际,长工出身的王金松不顾个人安危,怀抱木柱冲进险区,顶住了将要塌下的土方,使周围的乡亲们脱离了险境——用今天的话说,王金松不愧是引黄工程的最美逆行者。

《河南日报》还介绍了另外一个英雄群体:黄河桥大队的"铁姑娘战斗班"。这个团队最初由邵西莲等18位女青年组成,后来增加至25人,年龄小的只有15岁,年龄大点儿的也不过20出头儿,全都是尚未婚配的姑娘,邙山上的漫天风沙遮不住她们的青春靓丽,所到之处都飘散着她们的歌声笑声。她们开山、砌石、拉土、打夯,样样能干,在施工中和男同志一样,顶烈日、抗严寒,日夜战斗在工地上,肩上、手上、脚上都磨出了茧子,从没人叫过一声苦。铁姑娘战斗班早于所有施工队伍进入工地,直到提灌站工程全面完工,她们全过程参加了整个会战,巾帼英雄的美名在工程全线广为流传。

郑州郊区十八里河公社王胡寨大队承包了邙山提灌站上方一座山包的削平任务。多年以后,王辉在谈及邙山提灌站建设工程时还深情回忆说,他的农民朋友王胡寨大队书记王振范亲自带队来到邙山头上,参加开山劈岭的会战。王振范在抽调本队劳力时,还把病痛在身的女儿也编入突击队的名单——女儿王双梅在施工中勇挑重担,却意外负伤,被手推车轧断了腿。据王双梅回忆(2022年3月25日,访谈者婴父、党华、王铁岭),当年参加邙山会战,时值隆冬,天寒地冻,平均每天苦干十六七个小时,劳动强度即便壮汉也需咬紧牙关坚持。她本来就有脚疼的毛病,但父亲心慈面冷,对孩子要求严格,她本人更是志强心高,不甘落后,瞒着病痛每天在工地苦苦坚持,受伤之后才被送回家中疗治休养。

王振范儿女众多,王双梅兄弟姊妹九人,七女二男。老大参军走了,双梅生于1950年,排行老二,年龄很小就开始帮助母亲照顾弟妹,深感家境艰难、生活不易,14岁那年就不顾老师登门劝阻和父母呵斥,下定决心毅然辍学开始务农,用瘦弱的肩膀分担家庭生活负担。在邙山工地受伤那年,她21岁,正值青春韶华,痊愈未久,很快又参加生产队抗旱救灾和农田水利建设劳动,屡经风寒,旧痛新疾一并发作,最终关节强直不能行走,落下了终身残疾,只能常年卧床,生活无法自理。少女时代双梅容貌姣好,父母为她定下一门亲事,小伙子一表人才,品学兼优,双梅换位思考,不愿拖累对方,自己做主坚决退婚,自愿独身不嫁。多亏后来遇到一位忠厚善良的南阳淅川籍李姓青年,两人后来结为连理,生子传家,相守相伴数十年,直到如今双双白头。邙山提灌站工程,造福了郑州民生,也改变了她的命运,给她的生活带来复杂的影响。忆起邙山岁月,她的眼泪夺眶而出,谈及王辉对她的惦念,她更是哽咽难言。各种苦难终成过去,曾为郑州引黄工程牺牲过、奉献过,这成为她一生的骄傲和慰藉。

《河南日报》在报道中还赞扬劳动者的智慧:

群众是英雄,实践出真知。在工程建设中,广大贫下中农不怕困难,敢于实践,许多被认为农民办不了的事,贫下中农创造出来了,如索须河、骆驼岭、邙山、石佛四座钢筋混凝土结构的渡槽,就是由须水、古荥、老鸦陈、沟赵四个公社的贫下中农依靠集体的智慧建成的。

四座渡槽总长 800 多米,其中最长的索须河渡槽长 300 多米,高达七层楼的高度,即便以今天的技术水平看,这项工程也有相当的施工难度。缺少现代化的测量设备,农村"诸葛亮"们自制土设备替代;没有脚手架,工地决定放假两天,让大家回去夫妻团圆、重温天伦之乐,但返回工地时每人必须带回一根木杆——用这种"草船借箭"、集腋成裘的方法一举凑齐了脚手架材料,满足了高空作业的施工要求。50 年过去,这些由农村土专家和能工巧匠联手打造的凌空飞架的水利设施,至今依然是当地的标志性景观,依然在农业生产中发挥着作用。

知识分子李欣岭在工程中也找到了自己的最佳站位。引黄工地有一份对折两个版的油印小报叫《邙山宏图》,在工程建设两年零三个月的工期中,每周 3 期,共印发了 200 多期,是"红旗渠精神"和"愚公移山精神"的重要载体。对宣传典型、鼓舞士气、报道英模事迹和好人好事以及通报工程进展、传达上级指示都发挥了独特的作用。小报主编李欣岭原籍郑州郊区须水公社,1959 年西北农业大学毕业后分配至中国农科院工作,三年困难时期由北京下放河南。邙山提灌站开工时他是郑州郊区计划委员会的干部。担任《邙山宏图》主编是他一生中最自豪的一个任职经历。如今已是耄耋老人的李欣岭回忆（2022年4月7日，访谈者婴父、赵国强）当年，所谓编辑部，满打满算只有他和一个女打字员、一个勤杂工，他既是主编又是组稿编辑，还兼采访记者，大部分时间他都带着钢笔和小本子奔走在工地现场。他自己写稿、审稿、改写稿件，更精心组织，建立了一支覆盖工程全线的通讯员队伍——后来主持邙山提灌站工作、率众创建黄河游览区的王仁民，当年也曾是小报通讯员队伍中的一员。参加会战的每个单位和郊区每个公社、每个大队都有一名粗通文墨的年轻人负责向小报报送稿件、提供新闻线索，小报印出后负责在工地发行传播。小报在各工地大受欢迎，因为报上的滚烫的词语描述的是他们身边的生活，还原的是昨天刚刚发生过的事件。经过李欣岭的指导，每位通讯员的文字能力在办报过程中都日渐提高，日后不少人都成了农村各社队的"秀才""笔杆儿"。因为用眼过度，李欣岭视力急剧下降，也许因为营养不良、长期工作和居住在潮湿和通风不畅的窑洞中，他的听力也严重受损。在须水小学当老师的妻子到工地探望常年不归的丈夫，看到他借用别人的老花镜维持视力，大声说话才能听清她的询问，难过得流下眼泪。李欣岭出身名校，博学多才，给王辉留下了深刻印象，后来遇到外宾和上级领导到提灌站参观考察，王辉会亲点李欣岭出面讲解。20世纪90年代末李欣岭在郑州市计划委员会农业处长岗位上退休,他心中仍然保留着一幅"邙山宏图",很快又加入王仁民的炎黄文化研究会的团队,为宣传黄河文化、炎黄文化和推动炎黄巨塑建设又早出晚归工作了近20年。

引黄入郑工程是一次牵动全局的大动员、大会战、大协作——全市有220个工矿企业的职工,郊区11个公社232个大队的社员,87所学校的师生以及机关干部、驻郑部队指战员,在不同时期、不同地点、不同环节参加了劳动,贡献了力量。整个工程担负生产协作任务的单位上百个——郑州铁路局货运处及时组织车辆运输,将十余万吨物料优先转运至施工现场;郑州市轻工局进京寻求支持,通过特殊渠道晋见余秋里副总理,解决了300余吨900毫米直径的铸铁管道——今天你到邙山提灌站游览,可以见到这些从黄河滩到山上泵房之间一组并置的黑色长龙,黄河水正是通过它们完成数十米扬程进入引水河渠;市交通局利用公路运输条件把1500万吨各种物资和5万立方米砖石运至工地,同时把手中掌握的有限的养路经费用于提灌站周围地区的道路建设;黄河南岸铁路局桥工段将自己的仓库无偿提供给邙山提灌站工程用以堆放物料,工程急需钢材供应断货时,又慷慨解囊,将库中备用钢材转借给工程应急;上街503厂(铝业公司)在关键时刻,一次支援1000吨水泥送至工地;郑州发电设备厂跑遍全国采购矽钢片、漆包线等紧缺材料,突破自身能力,为提灌站研制、生产了多批380千瓦大型电机;郑州水工机

148

械厂后来也组织科研攻关,生产出适应提灌站水质的大型水泵,结束了多年向省外求购的历史。引黄工程所需的 500 多种 1.5 万多件机械设备,由 40 多家工厂协作制造,保证了工程顺利进行和尽快投用。

建成后的邙山提灌站为二级提灌,一级提灌扬程 33 米,提水能力每秒 10 立方米;二级提灌扬程 53 米,提水能力每秒 1 立方米。整个工程内容及工程量包括:一级泵站及其干渠,隧洞 9 个(全长 3700 米,其中较长的青年洞 900 米、英雄洞 840 米、邙山洞 510 米);二级提灌及其干渠,隧洞 3 个,渡槽 4 座,沉沙池 8 个以及水轮泵站、桥涵、闸坝建筑物 9 座,总干渠长度 24 公里。总工程量为:土方 350 万立方米,混凝土 2.58 万立方米,砌石 5.5 万立方米,砌砖 9700 立方米。

有关资料记载,包括邙山提灌站在内的引黄工程总投资 1530 万元,其中财政性(政府)投资 830 万元、群众性投资 700 万元(不包括占用集体土地和劳动工值),总投工 480 万人天——不加注解的话,其中一些指标的意义也许难以展示出来:工程占用的各个公社的集体所有制土地多达数千亩,没有折算计入投资,农民群众也没要一分钱的补偿;农民群众和社会各界投入的人力,按照今天的劳动成本计算,总价值达到 5 亿元以上,当年也没有折价计算,没有任何人申领一元钱报酬。引黄入郑工程是一个改善城乡生存环境的为民工程,也是一曲艰苦奋斗、无私奉献的壮歌,在郑州社会主义建设的进行曲中唱奏了充

邙山提灌站落成时的面貌(历史资料)

满自豪和激情的乐章。

邙山提灌站建设过程中,因为各种突发事件,不少人身体受到损伤,一些人甚至献出了宝贵的生命。为工程献身的牺牲者共 11 人,负伤致残者 32 人——他们以实际行动弘扬了"一不怕苦、二不怕死"的大无畏精神,他们的名字也许随着岁月流逝在公众记忆中会变得渐渐模糊,但他们留下的英风浩气却将在郑州人的心中永存不灭,代代流传。

优秀的施工技术员张广玉在一次乘坐吊篮下降到竖井中察看凿洞施工现场时,因机械事故不幸牺牲。张广玉牺牲后,遗体由数十名工地战友护送回临汝老家安葬,在家乡隆重举行了追悼大会,享受了烈士的哀荣。他的幼女十多年后继承父志,被安排到邙山提灌站工作,成长为一名制图员。一位名叫孔祥昌的因公致残人员,受伤 20 年后离世,按照他的遗愿和家属要求,他的骨灰被安葬在当年受伤之处——昔日的荒山秃岭,今天的花圃园林——当年引黄工程建设者们甘愿与黄河生死相依,把这里当作精神归宿。

邙山提灌站和相关引黄设施的建成,对郑州发展具有重大的现实意义和长久的历史意义——后人可以从多个维度分析描述它的作用和价值:

——继通过贾鲁河五级提灌"西流成湖"的初级规模引用黄河水之后,第一次实现大规模和长期利用黄河水的工程目标,使母亲河真正成为郑州"水资源"和"水安全"的重要保障。

——不但为城市生产和人民生活提供了源源不断的"乳汁",还为郑州沿线10万亩以上的农田提供了灌溉条件,农田水利建设得到长足进步。提灌站的提水和输送能力从小到大不断增长,进入20世纪80年代,平均每年提水达到1.5亿吨,其中每年为城市供水1亿吨以上。

——它作为"红旗渠"的郑州版,成为"文革"时期郑州市难能可贵的物质文明建设成果,同时也为后人留下了宝贵的精神财富。工程实施过程也是特殊历史时期消除动乱、促进稳定、谋求发展的重大举措。这些也是引黄工程擘画之初未能预料的"外部收益"。

——作为中原大地在"红旗渠"之后又一个"战天斗地"的典型和驯服黄河、利用黄河造福人民的明星工程,国家外交部门和省市外事机构开始在此安排对外接待活动,承担了对外窗口的任务。和位于河南北缘、豫晋冀三省交界地带的林县红旗渠相比,郑州位居省会,交通便利,综合服务设施相对较好,所以郑州邙山提灌站分流了一部分红旗渠的对外接待任务,在特殊时期的对外交往中为国争光,树立了良好的中原形象。改革开放前,这里接待了也门民主人民共和国总统(1974)、波兰共产党(马列)总书记(1975)、莱索托王国外交大臣(1975)、索马里副总统(1977)、加蓬农牧业和农村发展部部长(1977)和美籍华裔物理学家吴健雄、袁家骝伉俪(1973)等客人,1971年工程尚未正式完工,这里即开始接待海外宾客,1972年接待外宾、海外华侨及港澳台胞 16 批 200 人,以后逐年攀升,到 1977 年当年达到 288 批 4764 人。这些活动,锻炼了外事人员,积累了对外工作经验,为后来郑州进入改革开放时代起到了准备和铺垫的作用。

——以引黄入郑工程为基础,由此扩大成果,在邙山一端和西流湖一端——在郑州城市北部、西部两个方向发展成大型公园区域,改善了城市生态环境、人居环境,为发展旅游事业和旅游产业奠定了重要基础……

王辉曾撰文回忆提灌站建成通水之时的心情:

"通水典礼那天,从邙山头到西流湖,沿途人山人海。各界人民群众自发从四面八方汇拢来,敲锣打鼓放鞭炮,庆祝这个为民造福的工程建成通水……这一天也是我在郑州工作期间最高兴的一天。在那个动乱的年代里,能为郑州人民办这件实实在在的好事,我感到由衷的欣慰。"

一年前的这个时点,二七纪念塔初展英姿,向市民开放。一年之后又是这个时点,引黄工程全面完工,再次出现万众欢腾的场景。作为项目的主要推手,王辉内心的满足感、成就感是可想而知的。像在二七塔工地一样,他常常是在结束一天的市内工作日程后于晚间赶到提灌站或干渠工地,让工棚伙房下碗汤面,同几位市级领导、工地指挥边吃边聊,开起了现场办公会——汇总情况,发现问题,分析症结,统一认识,做出决定,签发决议——整个流程一顿饭工夫基本完成,有请求必有回应,有问题就地解决,绝不拖泥带水,绝不拖延时日。很多困难都是这样排除掉的:工地上水泥告罄,他立即打电话给上街 503 厂安排增援;电厂沉灰池扬尘对西流湖水质有不利影响,他立即召集警备区副司令员许连芳等人研究专题方案,迅速组织工程兵部队战士和工人对沉灰池实施改造,铺设管道输送煤灰,解决了空气污染、水体污染的隐患;提灌站的河滩提水前池被黄河泥沙淤死,严重影响抽水,他马上联系省粮食厅机械厂,把 4 台 15 米长的皮带传送机拉到提灌站,保证了清淤的顺利展开……数十公里的工程全线,每个工段现场都留下了他的足迹和车辙。王辉在郑工作期间跑坏了 4 辆军用吉普,有人感慨说,其中至少有一辆是在为引黄工程奔波的路途中报废的——他付出的心血和体力由此可略见一斑。他说引黄入郑工程竣工通水这一天是他在郑工作期间最高兴的一天,也可以从中看出郑州诸多事务在他心目中的排序轻重、情感所系。

"文革"期间各地派别林立,相互缠斗,郑州并非世外桃源,同样有各种派系势力兴风作浪。王辉有回忆文章描述这段时期自己的心路历程:"……我们国家正处在特殊的历史年代,我在军队是搞工程的,也专门学习过工程建筑,所以搞工程建筑是我的特长,对搞工程建设情有独钟。我的指导思想是,搞'文革'也必须抓生产。我们是社会主义国家,生产搞不上去,人民就没饭吃,就什么事都干不成!"王辉说:"我的体会,不管你在哪里工作,任何时候都要搞建设,都要为老百姓做事。不抓生产是站不住脚的。"王辉采取"谁抓生产就支持谁""谁干活儿谁就正确"的态度,反对派系,制止内斗,在生产和建设中稳控大局,得到了社会上大多数人的理解和支持。反对者亦大有人在,他们别出心裁编造民谣(顺口溜)在社会上传播,借以抹黑王辉。民谣曰:

有钱没处花,修个二七塔。

有钱不备战,建个提灌站。

后来大家认为这段无名氏创作的、流传甚广的民谣非常喜乐,堪称黑色幽默——非但没有给王辉的形象造成伤害,反而等同于为其树碑立传——二七塔和提灌站两个深得民心的工程作为王辉的突出政绩和代表作,在民间社会的传播因此更加广泛,愈发受到赞扬。

王辉1977年调任中共河南省委书记(当时设有第一书记职位,这时的书记相当于后来的副书记)、河南省革委会副主任。1978年底调任国务院国防工业办公室副主任、党组副书记,直至1985年离休。王辉一如既往喜欢富有挑战性和创造性的工作,在国防工办任职期间,他曾负责军工产品的海外市场开拓和外军先进装备的引进工作,他像仗剑侠客闯荡江湖一样出入欧洲、中东等地,采摘收纳西方先进成果,更为中国装备赢得了一片海外天地。离休后受总后勤部部长洪学智上将之邀,出任总后顾问,继续发挥余热。1987年解放军军事医学科学院兴建医学图书馆大楼,聘请王辉担任工程总指挥,根据他的建议,大楼总体平面呈四面环围结构,中部天井加盖玻璃屋顶,既形成共享空间,又合理利用自然光线,完工后备受好评,成为学院标志性建筑。

王辉对郑州这座城市充满感情,视郑州为"第二故乡",他一生中最丰富、最富有传奇色彩的段落是在郑州这个平台上精彩塑造、充分展现的。郑州人也对"王司令"念念不忘,时时牵挂。王辉生前在家中接待了一批又一批郑州来客,他们中有郑州知青的代表,有二七纪念塔的讲解员,有当年邙山提灌站的建设者,也有城建行业的专家、城市文化研究者、媒体记者,还有普通的郑州市民,他们带来了郑州发展的各种信息,特别是王辉关注点位的变化情况,也带来了许多郑州人对他的深深敬意。

王辉的女儿、解放军联勤部队某医院军医王和平谈起郑州人和父亲的关系时十分感动(2021年7月3日,访谈者婴父、党华)。她少年时随父来郑,很快又离郑参军,离开父母较早,对当时家庭具体住址和环境都记忆模糊——经过核对才确认当年住在文化路东侧河南农学院(今河南农业大学)家属院中——农学院"文革"中迁往许昌地区,相关房舍上交省直管理。她只记得父亲早出晚归,非常忙碌,对父亲在郑工作情况知之不多。后来有机会和父亲待在一起时,父亲又很少和孩子们谈起他过去的经历与业绩。不愿自我表功,这是他的性格。她发现,她对父亲的了解远远赶不上郑州人对父亲的了解,王辉的许多故事,都是王和平从郑州熟人、朋友那里听说的。王和平感叹,郑州百姓才是王辉的知音。

第六章　黄河岸与黄河魂

引黄入郑工程竣工后，一支支队伍撤营拔寨，高歌凯旋，上万名大军一时散尽。邙山提灌站有少量人员负责运营维护，周围一带重新回到地广人稀的状态。王仁民眼看着一起并肩战斗的同事背着行李一一撤离，挥手作别——他没有撤离，因为他是被发配来的，他不得不留在山上继续接受劳动改造。

王仁民（1925—2017），山东省烟台市人，曾用名"王文泉"，1946 年入读我解放区北方大学（中国人民大学前身），1947 年 7 月入伍，1949 年 2 月入党，战争年代与和平时期屡立军功，1950 年曾被河南军区评为二等功臣，1958 年转业。他的父亲曾有担任伪职的历史问题，他对党忠诚，心中纯洁清澈，主动向组织汇报了相关情况，不曾有过丁点儿隐瞒，却不料这给他招来长期的厄运，每次政治运动他都会受到严格审查，为此吃尽苦头。转业时资历相当的战友们大多数已晋升营团岗位，而他却仍然是连职干部。有人为他抱屈鸣冤，他总是笑笑说："和牺牲的那些战友相比，我已经很有福了，我没有啥可抱怨的。""文革"开始以后，他再次受到高强度冲击，1971 年 6 月，他被迫离开郑州郊区

王仁民戎装佩枪照(1949 年新中国成立前后)   资料来源:王仁民女儿王

少波提供

园林局长的岗位,作为改造对象住进邙山窑洞,开始参加邙山提灌站建设工程,从此开始守护在黄河之滨,不离不弃,终身相伴。

在引黄工程工地,王仁民最初负责为李欣岭的《邙山宏图》小报采写稿件,后来担任古荥北沉沙池等项目的现场指挥。工程虽昼夜施工,但参战人员三班轮替都能得到休整,而他却必须坚守工地,难以离开,休息时间无法保证。从这个时候开始,他脊椎劳损越来越重,疼痛发作时满地打滚儿,大汗淋漓。医生使用强的松龙等高效药物给他注射治疗,他没有一次遵照医嘱躺平休养——多年以后又因为脊椎和髋骨屡屡受损,他的腰疾、腿疾不断加重,以至于发展到必须拄杖而行、跛脚缓行。

1972 年 10 月提灌站和引黄干渠完工后,王仁民继续驻守邙山,他的职衔是渠道抢险突击队队长——这个名头绝非虚名,虽无级别却担实责:引黄干渠系统包括渠道、渡槽、沉沙池等设施类型,沿线地形地质复杂,因为土壤湿陷、基础沉降、鼠洞穿透等原因经常出现局部塌方、决口、漏水现象。24 公里长的干渠,其中超过一半都居高临下,渠道下方既有村舍,又有农田,还有京广铁路,若渠道出现塌方溃坝,将产生严重后果。抢险突击队必须日夜惕厉,往复巡察,确保把事故消除在萌芽阶段。工程竣工后几个月刚进入深冬季节,渠道就开始频频出现险情——春节前气温骤降到零下 10℃,刚修好的渠道被多处冻裂,突击队员只得在渠上日夜守候,全力保证供水安全。王仁民手提马灯发现水轮泵站下方的坝体出现裂缝,裂缝在渠水冲击下有逐渐开张的趋势,王仁民身先士卒,率领几个年轻小伙儿跳入冰水之中,用高标号水泥实施加固。水寒刺骨,他们浑身颤抖,通体黑紫,齿战不已,每个人都听到了自己的上下牙齿高频碰撞发出的嗒嗒声。完成抢修作业后,上岸的突击队员被冻得哭出声来。他们看着比自己大20多岁的抢险队长王仁民已经趔趔趄趄勉强支撑,赶紧用棉大衣将他包裹起来,送回窑洞。半夜过去,王仁民身体才渐渐回暖,慢慢缓过劲儿来。这一年的春节,王仁民是在邙山提灌站度过的,三个孩子也被他接至山中。大年三十,他在单位食堂领到半碗肉馅、一个面团,他和孩子们围坐在一起笨手笨脚地捏了百十个饺子,用茶缸煮熟分食,父子四人相互依偎,在大雪纷飞、寒风呼啸的黄河岸边,度过了一个至简至朴的苦涩而温馨的除夕。

1974年,王仁民卸任突击队队长职务,回到邙山头上,开始主抓提灌站周围山体绿化工作——1952年,毛主席登临邙山视察黄河,郑州市政府引以为荣,开始动员各界力量在邙山头上进行四次大规模植树造林,但树木成活率很低,大多数新植树苗纷纷枯死。于是山上又有了新的顺口溜:

一年青,两年黄,

三年变成干柴棒,

四年五年全死光。

161

由于树种选择不当、缺少水源滋养、没有专门管理养护队伍及"大跃进"时期曾出现伐树毁林现象等多种原因,前前后后栽下的 200 多万株幼树成活者只有寥寥数百棵。王仁民不信邪、不认输、不服气的牛劲儿上来了,他受命之后,带领提灌站部分职工和技术人员跑遍附近 32 座山头、37 条山沟进行调研,终于找出幼树成活率低的原因。通过反复试验,从 60 多个树种中筛选出十来个适宜生存的树种,全力推广,科学养育,勤加照拂,持之以恒,此后,借全市之力,积十年之功,邙山上下先后种活了 40 多万棵树,变童山濯濯为山清水秀,变风沙漫漫为鸟语花香——为了进一步提高景观质量和观赏效果,这里还先后建起牡丹园、月季园、柑橘园、盆景园、桂花岭、菊花山……

　　1979 年,王仁民担任邙山提灌站的党总支书记兼主任,由引黄入郑工程的骨干人物开始正式成为邙山头上的领军人物。这一年,改革开放的东风已经吹绿中原大地,王仁民身上的各种"罪名"烟消云散,他恢复名誉之后面临工作岗位的再分配、再选择——郊区领导建议他或官复原职,担任园林局长,继续他喜爱的事业;或出任南曹公社一把手,虽然依旧是芝麻小官,但稍有实权,有条件主政一方,办点儿实事。还有市领导看上他的工作能力,希望他到市直机关工作,等待时机,争取在职级、待遇方面再上一层楼。这时候的王仁民已经离不开邙山这块他念兹在兹的热土,母亲河、黄土坡已经成为他无法割舍的生存场景。这块土地上留存了他的苦难记忆、激情奉献,也预储了他的前景展望、未来梦想。征得妻子的理解支持之后,他毅然决定留在邙山,担任这个无人与之争抢的职务,决心与邙山提灌站长相厮守,荣辱与共。

在常规的水利工程概念中,"提灌站"并不是一个高端设施,由来已久,平淡无奇,但邙山提灌站却格外不同,它抽升的是黄河之水,面临的是特殊的水质、特殊的河床河滩,它的运营管理,注定极富挑战性,需要在不断的探索中化解难题,在持续的坚守中稳定运营队伍。邙山提灌站距黄河铁桥上游 700 米,两级提灌,共安装水泵 18 台,第一级 16 台,扬程 33 米;第二级 2 台,扬程 53 米。水泵为武汉水泵厂精工制造的离心清水泵,泵体和泵轮均为铸铁制成。由于黄河水中含有大量泥沙(据黄河花园口水文站测定,多年平均含沙量为每立方米 35.5 公斤,汛期则为58.9公斤),造成水泵极为严重的磨损。水泵运行 600 小时(25 个昼夜)时观测,泵轮边缘厚度由 12 毫米磨薄到 2~3 毫米,叶片出水端附近泵轮边缘磨成了锯齿状。运行至两个月,抽水效率就下降了接近一半。如何采取水泵保护措施成为提灌站迫切需要解决的问题。为此,邙山提灌站联合黄河水利委员会共同组建了"三结合"试验小组,有关工人、干部、技术人员夜以继日艰苦攻关,完成了泵轮涂抹环氧砂浆抗磨科研项目,经过 5000 个小时运行对比,取得了圆满成功。环氧砂浆涂抹保护技术成本低、性能良好、工艺简单,不需要特殊设备就可在泵房现场作业,为提灌站长期稳定运营解决了突出问题。

处理泥沙难题是引用黄河水的一个共性难题——兰州、包头、呼和浩特等城市和山西部分县区抽升引用黄河水都遇到了这个苦恼,为此,各地都动了不少脑筋,花了大量投资。王仁民邀请专家沿河走访取经,集思广益,探索改变泵后沉沙(把高含沙量的黄河水抽升到引黄干渠之后依靠沿途建设的系列沉沙池实现泥水分离,最终将清水送入西流湖)的方式,以工程措施实现泵前沉沙(在提灌站前方靠近黄河一侧建设大型沉沙池,沉淀之后的清水抽升输送到市区,泥沙回排至河滩)。实施多年,效益显著:既节省了水泵阀门大量磨损需定期更换的投资,也解决了泵后沉沙长期无限扩张沉沙池占用农田的矛盾。

邙山提灌站归属郊区管理,只是一个科级单位,任务重而级别低,困难多而人员少,工作环境差而要求标准高,没有吃苦耐劳的奉献精神,是很难坚持下去的。两种职业病在提灌站老职工中的发病率超过常规——由此足证他们日常工作环境的恶劣程度:一种是因长期水中作业导致的风湿病,一种是因机房中的强噪声导致的精神障碍。提灌站设在河滩里的引水渠经常因黄河泥沙淤堵断流,有时因为河水摆动偏离既有位置,提灌站职工必须常年组织疏挖引水渠道,一年 365 天中有 100~150 天需要在水中劳动。尽管每次都调用民工参与作业,但民工完成突击任务后即可散去,而提灌站职工则无论赤日炎炎的夏季还是滴水成冰的冬天,都必须长期坚守现场,随时跳入水中,做示范,当表率,处理劳动现场遇到的技术问题。年少不惜力,年长徒悲催——十年过后不少职工出现膝盖肿大、腰膝关节疼痛病症,有人三伏盛夏也必须穿上长裤保暖,不然就有寒风刺骨的感觉。据王仁民回忆,高级工程师张新才和宋秀芝、梁玉林、邵小毛、陈树林、宋中堂、郭国勤等数十人不同程度都有这种病状。王仁民本人也因为腰腿受寒供血不足,右胯股骨头坏死,肌肉萎缩变形,右腿短了 3 厘米。为了减轻跛脚的程度,王仁民不得不在右脚底下垫上厚厚的鞋垫,钉上厚厚的鞋底。这一群弓身而立、跛足而行的邝山人,以健康为代价换取城市用水的安全,集形体之丑与人格之美于一身,他们的故事既惨烈又壮丽。这个团队,不能不让后人肃然起敬、心存感念。

提灌站泵房内的强噪声污染,也给在这里工作的 20 余位员工造成了身心损害。16 台 380 千瓦大电机和 16 台大水泵全负荷运转时,有限的室内空间噪声高达 120 分贝以上,工作人员面对面说话,即便高腔大调也很难听清。强噪声的长期刺激让在泵房工作的职工耳朵听力受到不可逆的损伤,精神上也出了毛病。一位老劳模见人就滔滔不绝地追着人家狂聊,无法自制,为此多次入院治疗。还有一位老泵工引发了狂躁症,发病时捡起路边的石块,见车就砸。老泵工王金龙受噪声困扰,长期昼夜难眠,痛苦不堪……当年国产电机、水泵生产工艺落后,质量不高,噪声是个无解的问题。提灌站从北京请来降噪专家,安排在泵房里悬挂几十块防噪板,效果并不理想。后来绞尽脑汁,在运营管理中采取各种措施,例如在室外温度合适的季节敞开门窗释放噪声、值班工人轮流到室外休息尽可能减少在噪声环境中的工作时间、在泵房值班台上设立多层玻璃隔音值班室等,让噪声危害尽量降低到可以忍受的程度。

在水龙头一端轻松享用自来水的郑州市民和工商企业,很少有人品味到黄河岸边水源地一端的甘苦滋味。引黄入郑工程在万众参战、全城瞩目、大功告成发出炫目之光以后,大家对常态运营的情况没有太多关注的兴趣,无从知晓邙山人平常中的曲折、平淡中的浓烈、平凡中的崇高。

王仁民甘之若饴。他驻守在黄河之滨,拄着手杖全力做好两件事,一是保障城市供水,二是坚持绿化荒山。他无数次伫立四顾,望着大河滚滚、群山莽莽,望着日渐增多的访客,产生了新的创业冲动:黄河岸边邙山岭上,到处是丰富的历史文化资源——圣哲先贤的屐痕,历史事件的现场,文物古迹的遗存;到处是独具特色的风光——多样的地貌,雄浑的黄河,山河相依的空间结构,我们为什么不可以在这里搞一个游览区,吸引国内外的宾客、省内外的群众到此了解中原文化,拜谒黄河母亲?与"不到长城非好汉"这句名言齐名的另一句名言是"不到黄河心不死"——在中国传统文化观念中,黄河有着特殊的吸附力、凝聚力。郑州人喝上了母亲河的乳汁,还要树好母亲河的形象,不做好这一篇文章,愧对天时地利!王仁民反复构思,伏案走笔,向郑州市委提出了创建"郑州黄河游览区"的书面报告。

不得不承认,王仁民提出搞游览区的设想,在改革开放初期的中原地区,具有一定的超前意识。相对于"旅游""游览"这些后来才被广泛普及使用的概念,当时社会上更多使用的是"出差""参观"这些名词。王仁民的构想,既有"资源导向"的思考,又有"市场导向"的前瞻,国际旅游业发展的大势,对国内旅游业的崛起已经展示了可预测的前景——王仁民虽然不是"先知",但他绝对是郑州旅游产业的"先驱"。

面对王仁民的倡议,立即出现了反对者、同情者、支持者三种情态。反对者说:你真是吃饱撑的,这叫不务正业——你的正业是搞供水,保证城市供水就够你干一辈子了!同情者说:想法不错,但名头不必太大,不要叫"区",让他们搞个"公园"试试就妥了!支持者说:好,应该尊重一线的想法,放手让他们搞个游览区,让老王他们显显本事!——支持者在市政府的讨论中占了上风,他们为游览区定名为"邙山游览区"。后来,在市委常委会这个市级最高决策层讨论时,支持者、同情者媾和,他们的想法变成主流意见:同意搞一个"邙山公园"。

王仁民不干,他的牛劲儿又上来了,坚持一定保留"黄河"的招牌字号,坚持"郑州黄河游览区"的称谓。这个称谓结构完整,有四层含义:"郑州"指行政从属,"黄河"指文化主题,"游览"指主营行业,"区"指具有一定规模的地域范围。母亲河景观壮丽且文化内涵深厚,必须处于主体地位,邙山虽为区域主体,但在全省、全国、全球的影响力与黄河不可同日而语。公园到处都有,而且公园之名太城市化、精致化,体现不出我们山河同体、开阔雄浑、一望无际的特色。我们郑州需要一个大规模的游览区，一个可以整合各种资源、统筹开发、统一管理的区域。

王仁民为了争取批下这个牌子，一而再，再而三找领导汇报，费尽口舌。一位市领导火了："老王，你干吗老缠着我？不搞游览区，你不是还照当你的书记吗？"

王仁民也恼了："领导，这是我个人私利吗？你为啥对基层的建议只亮红灯不开绿灯？"

市领导严肃地说："你是共产党员，市委、市政府两次做出决定，你都不赞成，你还有没有组织观念、纪律观念？"

王仁民正色道："组织上做出决定，我肯定服从，但咱们的党章有规定，共产党员有意见可以向上级直至中央反映。我既服从决定，又反映意见，是符合组织原则的，是遵守党纪的！"

场面闹得有点儿僵。

王仁民直接到市委南院后小楼找到市委书记李宝光反映自己的意见。她微笑着听完王仁民长篇大论、滔滔不绝的陈述，颔首称是："老王，你讲得有道理，我支持，但我们要讲究工作方法——你邀请一些知名专家论证一下，请他们出来说话。"

王仁民心领神会——在宝塔形的组织结构中，下部对上部的功能是承载，而上部才对下部形成压力，下级必须服从上级指令，而上级对下级的意见并无必须采纳的法理。只有外部意见形成"侧压力"时，这种稳定状态才会改变。王仁民学到了工作方法，邀集省会历史、地理、教育、文学、艺术各界专家学者，一口气开了规模不等的七次研讨会、论证会，"黄河主题"获得一致肯定。专家们的意见送交市委以后,"郑州黄河游览区"的命名方案在市委常委会上得到顺利通过。1981 年 3 月,市委发文宣布黄河游览区正式成立。李宝光对王仁民说:"老王,满意了吧?正确的意见还是会得到多数人支持的。你放手大胆地发挥吧,下面就看你的本事了。"

李宝光,女,1922 年 7 月生于河北完县,1937 年 11 月参加革命,1938 年加入中国共产党。曾任完县妇女救国会宣传部长、晋察冀边区抗联妇女部长、边区妇联主任,开封市妇联筹委会主任,河南省妇联主任,中南区妇联筹委会秘书长兼组织部长,全国妇联副主席。1979 年 11 月由全国妇联副主席、党组副书记兼书记处书记转任中共河南省委副书记兼郑州市委第一书记,1983 年 2 月至 1984 年 8 月任中共河南省顾问委员会副主任。离休后在北京居住,担任中华文学基金会理事、中国老区促进会副会长、中华炎黄文化研究会常务副会长等职务,积极参与社会活动。

李宝光与郑州结缘始于郑州解放之初的 1948 年。据百岁老人李宝光回忆(2021 年 12 月 4 日,访谈者嬰父、徐晓娟),1948 年 10 月郑州刚刚解放,她奉命离开晋察冀边区妇女联合会主任的岗位,从河北调到河南,第一站就是到当时驻郑的中共中央中原局(邓小平任第一书记)组织部报到。数日前刚刚到任的郑州市人民政府首任市长宋致和也是她在晋察冀抗战时期共过事的战友,宋致和长她 7 岁,都有过在河北完县工作的经历。(完县今称顺平县。顺平县得名于汉王莽时期,以后几易

169

其名。从明洪武年间改称完县，直至 20 世纪 90 年代初，连续沿用 600 年之久，其间不曾变更。改革开放以后，当地百姓认为"完"字有终结之意，不太吉利，尤其港台客商多有不解，视为忌讳，所以决意改名。县领导找到完县籍的宝光大姐，请她出面到国家有关主管部门争取支持。她对改名之事原本不以为然——《说文》曰："完，全也"，完整、完备才是完字本义，例如"完人""完美"均为至高之格。尽管如此，她还是尊重家乡父老的意愿，积极帮忙成全了这件事情。1993 年改名得到国家批准。从宝光大姐笑谈闲聊的这个趣闻中，可以窥见她善解人意、成人之美的性格。)1949 年 2 月，她根据省委安排，在郑州主持召开中原解放区妇女代表大会，在会上当选中原妇女联合会筹委会主任，并带领 20 余位中原妇女代表从郑州出发，乘火车前往北京出席首届全国妇女代表大会。当年的郑州给她留下的印象是冬春之交的景色，一城萧索，但春风有信，处处萌发生机。

李宝光主政郑州，实乃"故地重游"。恰值改革开放初期，"文革"结束，还有许多拨乱反正的后续工作，实现党的工作重心向经济建设转移，开创安定团结新的局面，更需要大刀阔斧、强力推进。李宝光充满激情进入状态，按照省委"励精图治"的要求，先后在城乡经济体制改革、不拘一格选拔人才、恢复和振兴文化事业、改善城市设施和居民生活环境等方面取得了进展。李宝光主政时至今能够留存民间记忆中的标志性事件历历可数：纺织行业进入极盛时期，城市经济恢复活力；紫荆山百货大

李宝光在家中接待作者　摄影:徐晓娟

　　宝光大姐年过期颐,依然机敏睿智,思路清晰,话语严谨,回忆往事,娓娓道来,如数家珍,让人由衷敬佩。

楼建成,城市商业中心进入多元化时代;无轨电车投入运行,城市公交跃上新台阶;邙山提灌站扩展为"黄河游览区",沿黄旅游资源开发和生态建设得到体制化保障;创办中州大学,"文革"后郑州市诞生了首家市属高校……

城市建设问题也是李宝光的关切重点。投资不足,欠账过多,排水不畅,河道不通,下大雨时马路上积水成河已是常态,行人车辆"望洋兴叹"。很多院落民居被雨水倒灌,市民群众啧有烦言。李宝光曾冒雨蹚着没膝的浊流在经七路、政六街等路段检查排水情况,指着窨井处往上翻涌的"趵突泉",对随行察访的郑州市城建局长说:"豫剧《七品芝麻官》中的一句台词,现在成了妇孺皆知的名言——当官不为民做主,不如回家卖红薯!这排水的事情如果办不好,红薯我们可没的卖,干脆都摘了官帽回家抱孙子算了!"这个场景郑州人记忆犹新——整整40年后,2021年"7·20"城市水灾给郑州人生命财产带来的损失,成为这个城市的锥心之痛。排水不畅,依旧是郑州的软肋。李宝光当年的警示之言,竟成数十年之后的谶语。

黄河游览区定名之后,李宝光始终是王仁民的坚定支持者。市委给游览区的政策是提灌站以供水收益供养旅游业开发,提灌站实行经济包干,超支不补,节约归己,游览区建设资金主要靠自行筹措。这个貌似薄情寡恩的政策其实是充分放权、充分授权的制度设计。王仁民对疑虑重重的同事们说:"现在农民富起来靠的是啥?靠的不是救济粮,不是赈济款,靠的是政策。

只要有政策,有尚方宝剑,自己能当自己的家,我们就能通过自力更生,把游览区热热闹闹搞起来!"他和技术人员反复计算提灌站供水能力,改造挖潜,通过增加供水,有力保障了市区用水安全,缓解了城乡用水矛盾,同时又增加了营业收入,把黄澄澄的河水变成了白花花的银子,用增收的钱投资商场、餐厅、园林、运输、建材、雕塑制作,再用这些经营性收入投资旅游设施……自我积累、滚动发展的动力机制和良性循环的发展格局很快形成。当初那位总给王仁民亮红灯的领导亦转而对他心生敬意:"老王啊,你真是一头牛啊——你是不达目的誓不罢休、不用扬鞭自奋蹄的犟牛!"

万里黄河沿岸的风景区、旅游区如今屡见不鲜,靠山吃山、靠水吃水乃中国人的传统智慧,不算独特的创新,但郑州黄河游览区的新奇之处在于,它竟是由一个提灌站扩展开来演化而成,17 平方公里、每年数百万游客的国家 4A 级景区竟是由提灌站泵房周围方寸之地拓展而成,竟是由一位性格执拗、身残志坚的科级干部力排众议发起,由一帮引水者在泵房周边不惜以跛足、聋耳为代价持续努力创建而成。由此我们可知,郑州人中有这么一个族群,有这么一种精神,他们平凡拙朴却心存浪漫,甘于坚守又敢于创新。他们既能直来直去,又能旁逸斜出,在实现预定的目标之后延伸生发出新的成果;既能实施短促突击,奋力一搏,拿下重点工程,也能坚持不懈,久久为功,像姑娘绣花一样,一针针一线线创造出一个山清水秀、鸟语花香的大观园。

从王辉开始,郑州市委历届领导班子均高度重视邙山绿化工作。1977年2月20日,市委做出绿化邙山的决定,2月21日,郑州市200多家机关、企事业单位到邙山义务植树。1981年3月12日,李宝光率领全市15万人到邙山种树,之后年年春天,黄河岸边的山岭上必然出现一眼望不到边的植树大军,或扬镐,或挥锹,或提桶,或挑担,或挖坑,或填土,或浇水,或栽苗,山上山下到处是劳动竞赛的场面。当年最年轻的市直机关干部如今也已到龄退休,他们都还记得那时候无论市委南院还是市委北院,从市委书记到各单位一般干部的办公室,门后都竖立着方头和圆头铁锹(除了参加邙山植树,还要参加黄河挖泥),这几乎成为机关标配。每个人都有多次到黄河岸边参加劳动的亲身经历。

李宝光主政郑州时期,在建设和完善城市供水系统方面用功尤勤。1980年前后,郑州市新建第二水厂、尖岗水库蓄水工程,完成了柿园水厂改造。1981年夏,郑州及其上游流域大旱不雨,黄河水量锐减,每天只有28个流量,主河道向北滚动至遥远的北岸一侧,与邙山提灌站拉开数千米的距离,取水遇到严重困难。李宝光闻讯立即研究部署应对措施,报告省委后亲率省直、市直机关干部和全市工商企业职工进入黄河河床,挖沟导流,为提灌站引水。那些天骄阳似火、酷暑难耐,每天有数万人顶着烈日,挥汗如雨,战斗在黄河滩上,为邙山提灌站建成了引水长渠。李宝光书记和范连贵副市长等市领导连日在黄河滩指

挥会战,看着浩浩荡荡的挖河大军,李宝光心潮澎湃,口占自度小曲《战黄河有感》一首,文曰:

烈日炽,晴空碧,酷旱万里。涛声息,黄河一缕细。邙山脚下龟裂地,浅流如带,偏又北移去。

牵黄龙,集众力,一声令下,军民奋起,老少争先去,黄河滩上鏖战急。哪怕它"牛皮肚"颤颤悠悠,悠悠颤颤;哪怕它"芝麻酱"泥合水、水合泥,混成一体;哪怕它杂草拌胶泥。铁锹如飞,小车如梭,挥汗如雨,胜顽敌。休憩处,引吭高歌,高昂志气。

莫轻看,战黄河一角工地。

正是革命气魄好党风,多年培育;

正是华夏精神民族魂,浩然正气;

正是新长征,心意盛,步伐齐,振兴中华,指可期。

莫只看,战黄河一角工地,八十万军民需水急,

切盼着,集中智慧,攻关献计,科学设计;

切盼着,多方谋划,千方百计,都拿出锦囊妙计;

根本擒获水龙王,需要有根本大计!

李宝光自注曰:"1981 年天大旱,郑州供水极为困难。此曲是在邙山提灌站挖黄河以后写的,原载于 1981 年 6 月 15 日《郑州晚报》,以后又登在 1984 年 7 月出版的《黄河诗刊》上。"这篇诗作既写实,又洋溢着浪漫主义色彩,最后一句回到她的职业身

王仁民在伏案写作(20世纪80年代) 资料来源:《黄河文化特区蓝图》,河南人民出版社,1987年版

　　王仁民是黄河岸边的拓荒者,也是黄河文化的研究者、布道者。奋力实践兼勤于笔耕,撰写了大量文章和讲稿,为弘扬传播黄河文化、炎黄文化东奔西跑到处宣讲,慷慨激昂的神态语态给人留下了难以磨灭的印象。

份的角度上来,提出对保障郑州供水安全做出全局性、长期性、战略性规划的迫切要求。

李宝光对黄河岸边的景观建设也给予热情支持,她为五龙峰上的"极目阁"创作楹联,文曰:

登北邙,居高瞰远,气象万千,广阔无垠,伟伟乎中华大地;
观黄河,抚今追昔,波涛澎湃,奔流不息,悠悠然华夏摇篮。

黄河游览区特邀郑州著名书画家唐玉润书丹,刻制后悬于极目阁柱间,撰写者、书丹者、刻制者均未署名落款,游览者多有点赞,认为词句质朴而格局恢宏,却不知这是郑州市委书记李宝光的作品。

王仁民和同事们在切实保障供水不断增加之余,全力推进游览区建设,三五年后,黄河岸边发生了神奇的变化,岳山寺景区、五龙峰景区、骆驼岭景区和汉霸二王城景区皆有可观内容,一个自然景观与人文景观相辅相成的风景区雏形呈现在世人面前,引发海内外宾客的惊叹和点赞。

1984 年 2 月 24 日,英籍华人女作家韩素音到黄河游览区,登上极目阁,惊讶地说:"我不相信这里是我到过的地方。7 年前那次我来这里,看到的是一片荒山秃岭,只有一个孤零零的提灌站,今天这里却是一望无际的绿荫,亭台楼阁隐现其间,别有洞天。真是伟大的中华、伟大的变化。"

黄河游览区（今称黄河文化公园）入口牌坊　摄影：婴父

黄河游览区极目阁　摄影:于德水

攀登途中　摄影:婴父

　　今天的黄河文化公园是国家级风景名胜区、国家 4A 级景区,是郑州文旅产业的支柱之一。高峰时期,每日到访游客常在万人以上。

1985 年 2 月 2 日,华罗庚教授到黄河游览区参观,挥笔题词:"人说不到黄河心不死,我说到了黄河志更高!"

1985 年 4 月 1 日,著名作家魏巍回到故乡郑州,夜宿黄河游览区,他感慨地说:"40 多年前,在国破家亡的危难日子里,我从这里离开故乡,奔向华北战场。今天这里荒山变成乐园,黄河游览区就是家乡建设的缩影。祝家乡再创佳绩!"

1985 年 7 月 20 日,日本参议院议长木村睦男参观黄河游览区后,兴奋地告诉陪同人员:"不到黄河心不死,不到长城非好汉,中国人的这两种崇高境界我都亲身体验到了。中国人了不起!"

1986 年 7 月 10 日,人民日报发表通讯《黄河之子》,报道其带领职工艰苦创业、绿化邙山、筹建黄河游览区的事迹。

1986 年 9 月,吴健雄女士的丈夫、著名物理学家袁家骝博士再回河南老家探亲,看了黄河游览区,听了王仁民的介绍,感慨说:"黄河在我的心中有了新的形象、新的定位。"

李宝光 1988 年 3 月又一次来到黄河游览区,登上山巅,来到她曾经撰写楹联的极目阁。这时候,她已光荣离休,功成身退,在京居住。此时被多年误称邙山的岳山原名也开始被更多的人了解。李宝光站在浩荡春风之中,环顾游览区现状,感慨良多,诗兴又起,遂成《南乡子——登黄河游览区极目阁有感》词一首,气度不凡。词曰:

王仁民在办公房前留影（20 世纪 90 年代前期）　资料来源：王仁民女儿
王少波提供

极目望神州,揽尽风光岳岭头。多少中原兴拓业,不休,恰似黄河滚滚流。宏愿启方道,广袤山川任运筹。奉献无私心并力,勿忧,莫问自身沉与浮。

最后一句大意为只论无私奉献,不计个人得失,这是词人自况自勉,也是对身边作陪的王仁民等创业者品格的高度评价。

王仁民个性鲜明,除了前面谈到的"不信邪、不认输、不服气"这些面对外部困难时的态度以外,还有面对自己内心追求的"不知足"精神。论论几年的成绩,看看身边的变化,听听大家的热评,他当然心中不无成就感、自豪感,但他总觉得不满意,感觉黄河游览区缺少一个最核心、最高潮、最有感召力的东西,他朝思暮想,期待找到头绪,寻到答案。

1987年春季某日,王仁民来到郑州市群艺馆参加一个设计评审会,不经意间走进雕塑家吴树华的工作室,看到了陈列于案头架上的几十件雕塑小稿,石膏的、石头的、青铜的、胸像、坐像、站像,琳琅满目,不少是历史文化名人的造像。吴树华欢迎王仁民的来访,给他讲解每件作品的构思立意,当他介绍到一尊炎黄二帝并肩而立的全身站像时,王仁民迈不动脚步了,"众里寻他千百度",他现在明白自己到底在寻找什么了:原来黄河游览区是"三黄"三缺一呀——有黄土高坡,有滔滔黄河,缺少的是人文始祖黄帝的形象和匹配的拜祖环境!黄土、黄河、黄帝,三位一体,这才是黄河游览区理想的景观结构啊!郑州是黄帝故里,黄帝率军在广武山下渡河北上平定蚩尤,在这里设立黄帝雕像既符合历史逻辑,又符合现实需要,而塑造炎黄二帝的连体造像则更能准确全面地象征华夏文明多源并进的史实,能够在海内外炎黄子孙中赢得更广泛的关注、认同和支持。造一尊高与天齐的炎黄造像与滔滔黄河巨流结合将会形成文化意境和壮阔景观的双重感染力,这个想法让王仁民兴奋不已。炎黄二帝作为中华民族的人文始祖,是中华民族智慧和力量的象征,是勤劳勇敢、自强不息的化身。中原地区是我国史前文化的核心地区,是炎黄二帝重要活动的根据地和中华文明的发祥地,在中原大地黄河之滨兴建炎黄巨塑,对于人们更加深刻地了解华夏文明,进一步增强民族凝聚力、亲和力、自豪感以及团结海内外炎黄子孙共同致力于祖国统一和发展大业,都具有十分重要的意义,郑州接待服务炎黄子孙寻根拜祖的能力和环境都会有较大提升。

王仁民问:"你这尊雕塑准备放在哪里? 是不是有人定制?"

吴树华摇摇头:"这个设计稿还没有公开发布,还没来得及考虑落地的事。我的想法是,郑州历史文化资源中地位最高的首数黄帝文化,开发利用这个珍稀资源,郑州人不干,还要等谁?"

王仁民抓住吴树华的手,连连晃动:"兄弟,咱俩联手吧,咱们把两位老祖先请到黄河边、站到邙山头上吧!"

吴树华眼睛发亮,一时不知道如何表达此刻的兴奋和快慰。

吴树华(1938—2018),郑州巩义人,1963 年毕业于西安美术学院雕塑系,曾任郑州市群众艺术馆馆长、河南省美术家协会

184

副秘书长、河南省美术家协会雕塑艺术委员会主任、郑州市雕塑壁画院终身荣誉院长。大学毕业后分配到湖南,随即创作了他人生中第一座纪念碑雕塑——衡阳火车站的《欧阳海纪念碑》,此后连续创作了何叔衡、蔡和森、杨开慧等革命烈士的纪念性雕塑,安放在湖南清水塘纪念馆、湖南省立第一师范学校纪念馆、韶山毛主席旧居陈列馆以及安源、文家市等革命纪念地,从中积累了丰富的纪念性雕塑创作经验。此后数十年,"他从未将个人的生活表达作为创作中心,而是将表现民族历史和英雄人物的纪念性艺术作为其终生的追求(中央美院教授、中国雕塑学会副会长殷双喜语)"。1972 年,吴树华调回郑州,任职于郑州市群艺馆,组织职工业余雕塑创作组,对郑州市雕塑艺术的哺育和发展发挥了关键作用。1976 年,他为"二七大罢工"纪念馆创作了浮雕《路工史》;1978 年前后,他创作了《鲁迅》《闻一多先生》《焦裕禄同志》等名人肖像;1981 年,他为郑州大河村博物馆创作了《大河黎明》,表现了仰韶文化时期先民的生活状态和精神面貌;1984 年,他偕学生虞晓明创作了《青铜时代——郑州商城遗址纪念碑》,这是他在公共空间叙述城市历史、阐释商都文化、讲解郑州故事的发轫之作,在郑州现代雕塑史上具有里程碑的意义;同年,创作黄河游览区内的《大禹纪念像》《战马嘶鸣——鸿沟古战场纪念碑》和位于上街区的《银剑——郑州铝城建设纪念碑》;1991 年他创作了《月是故乡明——诗圣杜甫纪念碑》;1994 年,他为郑州市"四桥一路"工程创作了配套的

吴树华像（20世纪80年代） 资料来源：郑州市雕
塑壁画院

　　吴树华性格文静，和蔼端庄，不露声色，但从青年到暮年始
终是黑色火焰纹的发型，暗示了他内中澎湃不息的激情和能量。

《孕》《育》等公共艺术作品。20世纪70年代至20世纪90年代吴树华的雕塑创作活动,几乎等于同期郑州雕塑史的提纲。从20世纪80年代开始,他还爱惜人才奖掖后进,发现和培养了虞晓明、沈琍、张松正、李宗初、崔国琦、曹长安、马亚非、单红栓等一批青年雕塑家。这些人多数成为郑州市雕塑艺术领域的领军人物、骨干力量,有些人还成长为高校美术教授。创作《炎黄二帝》是吴树华的人生高潮,他根据邙山具体环境的要求和"以山为体,天人合一"的创作理念,将竖向的站像改变为横向的胸像,一次次修改,一次次调整,经历了社会上的质疑,经受了竞争性机制的考验,最终进入实施阶段。他没想到这一干就是二十多年,风风雨雨,历尽曲折。

1987年,王仁民和吴树华多次商议,决心在黄河游览区兴建炎黄巨塑,并就选址和雕塑尺度等问题提出了初步设想。按照李宝光书记当年提示的工作方法及科学决策的内在要求,王仁民邀请专家学者召开了论证会,引起强烈反响,而后向市领导作了汇报。建设炎黄二帝大型雕塑的意向得到郑州市委市政府的大力支持。1987年9月,郑州市炎黄二帝巨塑筹委会成立,市政府副市长刘源任会长,市委副书记戴式祖、市人大常委会副主任刘仪、省文联副主席南丁和王仁民为副主任,王仁民兼秘书长——你若稍稍留心,即可从以上寥寥数行任职通知的名单中发现两条不合常规之处:其一,在正常官方排名规则中,市委副书记、市人大常委会副主任都应当名列副市长之上,但这一次副

商城遗址纪念碑（设计：吴树华、虞晓明）

　　这是郑州市改革开放后最早的公共艺术作品，由商代铜方鼎造像、图腾柱和横向展开的观赏场域构成，位置在人民路和商城路夹角，所以市民习惯称之为"三角公园"。这里是郑州商代都城遗址一隅——作品以特殊的造型语言，整合了历史文化资源，讲述了城市溯源故事，也形成了市民游憩环境，深受众人喜爱。

《炎黄二帝》雕塑设计初稿(设计:吴树华)　资料来源:郑州市雕塑壁画院

市长担任正职,身居上位者却以副职身份支持和辅助副市长的工作,打破了官场惯例,体现了后者对刘源这位年轻副市长充分发挥工作能量的期待。其二,王仁民这位基层干部和几位地市级领导并驾齐驱担任同一职衔——尽管这只是一个临时机构,但王仁民这位具体责任的担当者却通过这个组织形式,获得了一种有利的令人尊重的工作身份。有人开玩笑说:"老王,你真行,越玩儿越大!"

1987年10月12日,兴建炎黄巨塑的新闻发布会在黄河游览区榴园举行。国内、省内主流媒体蜂拥而至,刘源副市长亲自站台,请求海内外炎黄子孙对巨塑项目给予关注和支持,恳请社会各界积极捐助,帮助解决工程投资,争取巨塑早日具备开工条件。

刘源,1951年2月生于北京,1982年毕业于北京师范学院历史学专业,1985年任郑州市副市长,1988年任河南省副省长,1992年转入部队,历任武警水电指挥部政委、武警总部副政委、解放军总后勤部副政委、解放军军事科学院政委、解放军总后勤部政委等职,上将军衔。2016年始,任全国人大财政经济委员会副主任。在郑工作期间,负责城建工作,他作风务实、雷厉风行,近四年的时间中几乎走遍了全市的大街小巷,对推进城市现代化建设和改善城市人居环境,做出了积极努力,取得了重大进展。他主抓的火车站地区综合改造、人民路打通、城市外部交通改善、城市居民生活使用天然气和集中供暖以及黄河游览区炎黄二帝巨塑等重点工程,改善了城市环境、城市形象,也给市民百姓带来新的生活体验，尤其是他频繁赴京汇报，争取国家相关部门对郑州发展的大力支持，让郑州百姓告别蜂窝煤，先于国内大多数城市使用天然气，让郑州人喜出望外、长久受益，相关故事脍炙人口，至今仍在民间广为流传。

刘源对炎黄二帝巨塑的推介产生了预期的作用。豫剧大师常香玉此时年近七旬，身体一直不好，已多年不登舞台。她听了刘源的推介，决定率先垂范，热烈响应市政府为炎黄巨塑建设发起募捐的倡议。她重披战袍，再现穆桂英率军出征的形象，从10月14日起在河南人民剧院(今大卫城所在地)携孙女小香玉连续义演五场，拉开了民间筹资兴建巨塑的序幕。这位抗美援朝时期靠义演为志愿军捐赠一架飞机的艺术家，又以同样的方式强烈地表达她对人文始祖的崇敬和对雕塑工程的支持。郑州市总工会号召全市职工响应募捐倡议，为兴建巨塑尽心出力，短短几个月，全市工人、学生、机关干部和党政领导捐款40万元。郑州市纬五路二小举办少先队主题队会，讲解炎黄故事，举行捐款仪式，小学生一分一角节省下来的零花钱装满了三个塑料袋；上海复旦大学、天津南开大学学生捐出了自己的奖学金；湖北体育学院老干部戴光寄来100元，附有留言："炎黄二帝巨塑筹建期间，每年我都节省百元，献给先祖，聊表孝心。"台北市湖北襄阳中学同学会25名师生联合捐款，委托专人送至郑州，他们年龄均超过七旬，他们认为在老祖先雕像之下能留下自己的名字，形同认祖归宗，叶落归根。笔笔捐款，代表着炎黄子孙的身份认

191

同和爱国之心。

民间支持兴建巨塑的捐款活动连绵不绝,坚持多年。1992年2月的一个星期天,郑州国棉六厂老职工魏明禄及老伴杨秀芝来到黄河游览区,找到巨塑筹委会负责人说:我们老两口积蓄不多,还不能不给儿女留下一点儿,但也不能都留给他们。今天我们拿来一万元,这是我们全家人的心意!

王仁民四处奔走,宣传炎黄二帝巨塑项目。曾到清华大学、北京师范大学、南开大学和北京旅游协会主办的全国旅游干部学习班讲课,扩大影响,营造舆论。黄河游览区的职工提醒王仁民:"王书记,光给学生孩儿们宣传影响还是有限哪,你能不能多拜访一下老领导、老专家,请他们多给支持,他们说话管用啊!"王仁民觉得有道理,开始试探性地拜访一些文化名人。

1988年8月,刘源再次出手相助,为王仁民赴京求援提供帮助——此时刘源已任河南省人民政府副省长,郑州市炎黄二帝巨塑筹委会随之升格为河南省级筹建机构。为争取高层人士对炎黄巨塑项目的关注,刘源分别写信给全国人大常委会副委员长朱学范和郑州市原市委书记李宝光。给李宝光的信原文如下:

宝光书记:

还要给您添麻烦。黄河游览区是您给予支持并一直关心的。那里兴建炎黄巨塑现已筹备了一年多,想搞一个基金会,这是好事。仁民同志赴京请示,请您带头参加,万望支持。致敬!

刘源

1988 年 8 月 8 日

    王仁民持信赴京,恳请老领导垂顾支持。王仁民在李宝光书记家受到热情款待,他不但得到李书记的支持,还同时得到李宝光书记的丈夫河南省委原第一书记刘杰的重视。此后王仁民在京一次次到各处拜访政军各界老领导,多数是他们两位代为介绍引荐——两位在豫、在郑工作过的老领导利用他们与诸多革命前辈、党和国家领导人的工作关系和战斗友谊,为炎黄二帝巨塑筹建之事提供了珍贵的人脉资源。这时候宝光大姐的座驾也变成了王仁民的专车。有了这辆车,他才能在许多门禁森严的大院自由出入,畅通无阻。他在京四处游说,一次长达 28 天,拜访的人员中尽是名宿大贤,其中不乏担任过副国级职位的老领导、老将军和名满天下的硕学大儒。他登门拜访的名单包括朱学范、胡绳、赵朴初、程思远、潘毓刚、倪志福、王忍之、贺敬之、穆青、孔德懋、黄华、魏巍、张锲、臧克家……这位来自郑州黄河岸边的基层干部,侃侃而谈,凭借他的勇气、学识和口才,他的设想得到受访者的接纳、鼓励和支持。

    1988 年 12 月 21 日,炎黄二帝巨塑筹委会在京成立,第六届、第七届全国人大常委会副委员长周谷城欣然出任会长,第五届全国政协副主席萧克上将任第一副会长。此后王仁民动员参与此项工作的名人更是阵容强大，群星灿烂，王仁民的名字又一次排在名单的前排位置。有朋友见到王仁民，半是惊叹半是玩笑："老王，你真是越搞越大，这么多大人物都听你摆布啊！"

王仁民回应："兄弟，别乱！你这是揣着明白装糊涂——不是炎黄二帝的面子，谁会搭理咱！"

1991年9月12日，黄河游览区向阳山下隆重举行炎黄二帝巨塑工程奠基仪式，会场人数达万人以上。周谷城、萧克专程由京来郑参加活动。施工现场向阳山竖起56面五星红旗，象征中国56个民族团结奋进；凌空悬浮的5只巨大气球，象征五大洲炎黄子孙共贺同庆；鸣炮50响，象征中华民族上下五千年光辉灿烂的文明史；放飞1100只和平鸽，象征11亿炎黄子孙（当年的人口数字）永不忘本。

1994年9月12日，炎黄二帝巨塑工程正式开工。全国人大常委会副委员长程思远在开幕式上宣读《炎黄颂》：

人文始祖，中华炎黄，赫赫功绩，名播万方
创指南针，环球通航，发明养蚕，首制衣裳
发明文字，信息传扬，发明医药，黎民安康
发明算数，科技曙光，发明兵器，卫土守疆
教民稼穑，衣食明章，世界文明，数我炎黄
历七千载，代代发扬，反对分裂，统一国疆
开拓进取，智慧勇敢，勤劳无畏，自立自强

中华民族,雄立东方,炎黄子孙,遍及八荒

黄河之滨,中原茫茫,追念始祖,立此塑像

天地共庆,日月同光,缅怀祖德,改革开放

祝我中华,山高水长

项目虽然开工,但投资远未充分落实,工程只能干干停停。一边推进,一边筹资。王仁民说自己像一个托钵化缘的和尚,行走在坎坷曲折的道路上,见人就施礼,寻求资金支持。

截至 2003 年,收到海内外捐款现金和实物折款 1000 万元,和 5000 万元的工程预算还有很大差距,完成基础工程后,工程基本处于半停滞状态。十年期间,还遇到省、市、黄河游览区各级人事变动问题,施工企业内部管理问题,相关企业经济纠纷导致法律诉讼问题等不利因素,也给炎黄巨塑工程造成不同程度的困扰。

王仁民和他的团队始终在低潮中坚持、坚守。2003 年底,郑州市委书记李克、市长王文超、市委副书记赵建才听取王仁民关于筹建情况的汇报,对巨塑工程存在的问题进行了深入调研,要求各有关方面创造条件、密切协作、强力推进、尽快建成。针对当前的困难和问题,就资金筹集、项目建设主体等问题做出了具体细致的安排。数月后,项目建设主体由炎黄巨塑筹委会移交黄河游览区——此时已改称黄河风景名胜区管委会,巨塑建设管理方面的力量得到充实,资金供应也出现了转机。市委市政府还成立了炎黄二帝塑像工程建设领导小组,市委领导靠前指挥、加强协调,保证了工程顺利复工。

2007 年 4 月 18 日,炎黄二帝巨塑落成仪式在黄河岸边炎黄广场隆重举行。全国人大常委会副委员长许嘉璐、全国政协副主席张思卿和省市领导出席庆典。建成后的炎黄二帝像高106 米,以山为体,山人合一,浑然天成。塑像左为炎帝,这位被尊为华夏农业神的先祖国字脸,卧蚕眉,蒜头鼻,广额淳朴,智慧慈爱;右为黄帝,这位伟大的政治家、军事家目字脸,大刀眉,悬胆鼻,威武刚毅,气宇轩昂。炎黄二帝相依相靠,沉雄而平和,展示了不屈不挠、勤劳勇敢、开拓进取、创造未来的英雄气概。二帝端望远方,展示着人文始祖统御六合、经纬八方、教化万民的创世功业和非凡气概。二帝的眼睛长约 3 米,鼻子长约 8 米,两张脸加起来面积约 1000 平方米。整个雕塑使用混凝土 7000 多立方米,使用钢材 1500 多吨、花岗岩 6000 多立方米。雕塑投资的构成包括海内外华人的捐资、政府财政投资和现行投融资模式由企业筹措的资金,总计 1.8 亿元。雕塑总高和建设规模在国内创造了多个纪录。炎黄巨塑面前是长 500 米、宽 300 米的炎黄广场,广场上有九鼎、钟鼓、祭坛、碑刻和华夏优秀子孙的群雕,构成恢宏的公共礼仪空间,与巨塑相映生辉。雕塑背依群岭、面向大河,一列列火车在京广铁路线上驶过,每天都有数以万计的九州游子与之对视,向它注目行礼。每年这里都会有大量的团队和个人走向雕塑,探寻华夏文明之源,表达慎终追远、不忘根本的心声。

落成后的炎黄二帝巨塑(设计:吴树华)

龙旗飘扬　摄影:刘天星

炎黄广场中国历史文化名人百人群雕(设计:陈启南、吴树华、沈

玥、虞晓明等)

巨塑从启动筹备到完成建设,耗时 20 年。

按照干部政策,年满 60 岁时王仁民应该退休,但考虑到他在黄河事业和炎黄巨塑工程中的特殊作用,市委打破常规要求他"超期服役",紧抓巨塑工程不松手,再接再厉,决战决胜。1989 年,在他 64 岁时市委才为他办了离休手续。虽有离休之名,退出行政现职,但他既没离,也没休,斗志未有稍减,反而以炎黄文化研究会和炎黄巨塑筹委会的名义,愈战愈勇,坚持为黄河游览区的发展和炎黄巨塑筹建四处奔走,竭尽全力。巨塑落成时,王仁民已是 83 岁高龄,距他参加邙山提灌站建设已过去了 36 年。巨塑落成典礼结束后,王仁民在黄河岸边盘桓良久,不愿离去。他手拄竹杖登上岳山极目阁,任浩荡春风将头发吹乱,目视滚滚东去的黄河、巍然屹立的炎黄二帝,无尽的回忆涌上心头……

2008 年,王仁民被评选为郑州市改革开放 30 周年风云人物,炎黄二帝及炎黄广场被评为郑州市改革开放 30 周年十大地理标志。有评论说:"从王仁民身上,既可以体察到武训兴学那样的忍辱负重的精神,又可以感受到愚公为搬走王屋山、太行山而挖山不止的毅力。"还有评论说:"王仁民心高胆大,爱想事,会干事,能成事。"

炎黄巨塑工程另一位核心人物吴树华也参加了落成典礼,但大家的目光在主席台上不少于百人的座席上扫来扫去,始终没有发现他的身影。郑州市雕塑壁画院副院长、一直跟随吴树华参与炎黄巨塑工程各个工作环节的虞晓明回忆当时的情景（2022年3月14日，访谈者婴父、张松正等）尤有感慨。虞晓明作为吴树华的主要助手，全程参加了巨塑造型论证、泥稿放大、环境设计、施工监理工作，举行落成典礼这天他比过节还要欢喜，兴冲冲来到现场，心中猜想若以对工程的贡献论，自己说不定会受邀在主席台上就座。他左看看右看看，没有找到自己的座签，一丝失望稍现即逝。令他真正失望的是直到典礼仪程正式开始，他也没有看到吴树华出现在主席台上。他的目光反复在台下黑压压的人群中来回寻找，最终发现他的老师吴树华正挤坐在群众方阵。虞晓明不仅失望，简直有些愤怒——不少无关人员备受礼遇端坐在主席台上，而故事的主角之一却被冷落在观众席中——据事后了解，这种状况的出现是典礼组织者的无意之失。典礼过程中，虞晓明的注意力一直集中在吴树华身上，他暗中观察吴树华的神态，令他感动和震动的是，吴树华对座席位置毫无芥蒂，沉浸在作品成功给他带来的巨大喜悦之中，他弓着高大的身躯坐在小凳子上，深情注视着炎黄二帝，满脸心满意足的笑意，眼里闪烁着幸福的光芒——一种超越世俗的理想的光芒。虞晓明说，他看到了自己与老师的差距。

当年吴树华为了兴建炎黄巨塑，辞掉了省美协副秘书长职务，放弃了安逸的生活和唾手可得的各种机会，慨然应邀来到黄河岸边，不计功利，全身心投入到游览区的环境建设和炎黄巨塑项目筹建工作之中，身患糖尿病，每天注射胰岛素，却不惜体力

福寿园中吴树华站像　作者:虞晓明、宋文超

四处奔波、艰苦劳动,以微笑、宽容、坚韧面对各种顺逆之境。如果可以用"勇毅果敢"一词形容王仁民的性格特征的话,那么可以用"仁厚诚朴"概括吴树华的人品境界。吴树华内心纯洁无瑕,品性温润宁静,让他获得郑州艺术界全体同人的一致敬重。

十年之后吴树华辞世,郑州市雕塑公园(位于西流湖园区之内)为他设立了永久性的雕塑展厅,他的学生包括私淑弟子们集资为他在郑州南郊福寿园设立了纪念像——他在端详、仰望炎黄二帝雕像小稿时的站像,以此表明他的雕塑家身份,更表现他魂归炎黄——对华夏文明与传统文化的终身探寻与无尽追求。

第七章　黄河黄河,我是长江

　　南水北调的伟大设想是毛主席 1952 年 10 月那一次视察黄河时在郑州首次提出的。

　　我国是世界上严重缺水的国家之一,水资源南北分布不均,常年出现南涝北旱的现象,降水量以秦岭和淮河为界,存在明显差异。南方淫雨绵绵之日,往往是北方赤地千里之时。长江流域及其以南地区国土面积只占全国的 36.5%,其水资源量占比却高达 81%;淮河流域及其以北地区的国土面积占比为 63.5%,其水资源量占比却只有 19%。1952 年 10 月,毛泽东主席视察黄河——这是他 1949 年新中国成立之后首次走出京城,也是他作为共和国领袖第一次实地调研大江大河治理情况。一路上他听取了黄河水利委员会主任王化云的工作汇报,在讨论黄河河情之后,他的思考进入更加宏大开阔的维度,他对王化云说:"南方水多,北方水少,如有可能,借点儿水来也是可以的。"言辞简洁,轻松浪漫,却极富想象力和战略性,提出了南水北调的基础构想,为中国跨世纪水利建设作出了全局性擘画。

　　这一次视察结束时,毛主席深情嘱托:"要把黄河的事情办好。"此后这句话一直成为鼓舞全国人民为黄河治理与开发不懈奋斗的伟大号召。

郑州人都知道毛主席这次视察黄河登上了郑州黄河岸边的小顶山,并且熟悉毛主席那一幅稳坐山巅看大河奔流、铁桥如虹的著名影像。毛主席到农家走访时被女主人询问"斯大林为啥没来"的趣事如今也广为人知,但有一件与之关联的事件被大多数文史爱好者忽略了:这一次毛主席到郑州视察的时间是 10 月 31 日,两年之后的 1954 年,河南省会由汴迁郑的时间节点也同样为 10 月 31 日——省政府主要领导和大多数省直机关干部这一天辞别开封父老,乘坐火车浩浩荡荡开进郑州,这种同月同日的时点一致,应该是一种精心的安排而绝非巧合——两年前这一天毛主席听取了时任河南省委书记张玺等人包括河南省会迁郑等有关问题的汇报,肯定了河南省新的空间发展格局,河南省委省政府决定在这一天完成省会新旧更替的仪式,是在用一种特殊的方式巧妙地向领袖报告工作、表达敬意,展示执行力和忠诚度。

毛主席 1952 年 10 月在郑州首次提出南水北调战略概念,1953 年 2 月,毛主席在武汉视察汉水后,又问长江水利委员会主任林一山:"南方水多,北方水少,能不能借点儿水给北方?"这是继与王化云谈话之后又一次用同样问题、同一句式发出的询问,也是毛主席用极富个人特色的方式向中国水利界作出战略导向,释放相关信息。毛主席还特别表示,三峡问题可暂时放一放,但南水北调工作要抓紧。1958 年 2 月,毛主席把江河治理和南水北调的重任托付周恩来总理,并嘱咐这项工作须常抓不懈,他伸出四个手指对周总理说:"要一年抓四次!"四在这里也许是实数,一年有四个季度,指每个季度都要过问一次的工作节奏;也许是虚指——三在古汉语中已有"多"的意涵,四在这里代表更多,代表不厌其烦。这是一种具有哲学趣味的表达方式。

1958 年 3 月,中央政治局在成都召开会议,正式批准兴建丹江口水利枢纽工程。1958 年 8 月,中央政治局扩大会议讨论通过《中共中央关于水利工作的指示》,明确指出:"除了各地区进行的规划工作外,全国范围的较长远的水利规划,首先是以南水(主要是长江水系)北调为主要目的即将江、淮、河、汉、海河各流域联系为统一的水利系统的规划……应加速制定。"这是"南水北调"一词正式见诸中央文件。此后,这个雄心勃勃的目标一直是中国水利界持续谋划的一个全国水利建设的核心构图。

1992 年 10 月,中共十四大把南水北调列为中国跨世纪的骨干工程之一。2002 年 11 月,中共十六大报告指出:"抓紧解决部分地区水资源短缺问题,兴建南水北调工程。"至此,整整五十年的宏伟规划开始进入实施阶段。南水北调工程是人类发展史上最庞大的系统性调水工程。国家规划的东、中、西三条调水线路,起点分别位于长江下、中、上游,总长度为 4350 多公里,总投资 5000 多亿元,年调水总量为 448 亿立方米,供水区域人口 4.38 亿人,预计工程于新中国成立 100 周年之时全面完成。

三条调水干线全部完成后,我国大陆版图上将形成"四横三纵"的中华大水网——在长江、淮河、黄河、海河四条由西向东流向的基础上,增加南水北调东、中、西三条由南向北的人工河流。"四横三纵"水网将有效发挥南水北调、东西互济、抗旱防洪、兴利除弊的功能,对于优化我国水资源的合理配置,改善全国广大地区生态环境,促进社会经济的可持续发展具有重大的现实意义和深远的历史意义。

事实上,截至目前,除西线工程条件尚未成熟没有启动外,由东线中线工程构成的一个复杂而壮丽的南水北调工程系统已经出现在华夏大地。东线工程起点为江苏扬州江都水利枢纽,终点为天津北大港水库,输水干线长度 1156 公里,供水范围为黄淮海平原东部和胶东地区。2002 年底东线开工建设,2013 年底一期工程正式通水,沿线已有约 1 亿居民喝上了长江水。中线工程起点为汉江中上游的丹江口水库,终点为北京颐和园团城湖,输水干渠长度 1277 公里,受水范围为豫、冀两省和京、津两市。2003 年底中线开工建设,2014 年底一期工程正式通水,沿线已有 6000 万人喝上了长江水,间接惠及人口 1 亿人以上——汉江乃长江最大支流,丹江口水库为南水北调中线之源,国家继而又组织实施了从长江主体三峡水库向丹江口水库调水的工程,因此,南水北调中线干渠中奔涌北上的清流是名副其实的长江水无疑。

郑州是南水北调中线工程途经地区和受益城市。南水北调中线工程从湖北与河南两省交界的丹江口水库河南淅川县陶岔渠首闸引水,沿线开挖渠道,经唐白河流域西部过长江流域与淮河流域的分水岭方城垭口,沿黄淮海平原西部的伏牛山和太行山的山前平原输水,行至郑州市域孤柏嘴附近经隧洞穿过黄河,沿京广铁路西侧北上,全线自流至京津地区,年调水量130亿立方米,其中河南省境内长度731公里,途经南阳、平顶山、许昌、郑州、焦作、新乡、鹤壁、安阳等8个省辖市的21个县(市)。郑州段全长129公里,跨新郑市、航空港区、中牟县、管城区、二七区、中原区、高新区、荥阳市等诸多县(市、区)。郑州段干线工程2009年7月28日开工建设,经过4年多的艰苦奋战,于2013年11月22日在省内率先全线贯通。

南水北调郑州市区段工程内容较为复杂,战线长,任务重,除了成渠工程之外,相关建筑工程也特别多,倒虹吸、渡槽、桥梁等加起来有230多处,建筑物的工程质量、安全控制和施工进度的管控方面比渠道工程要复杂得多,交叉施工对渠道工程也多有掣肘,建筑物完工之前,渠道也难以贯通。郑州市政府根据城市总体规划的要求,考虑到城市未来的发展需要和路网布局,超前谋划,在道路未通的情况下,在规划路径上又主动增加了40多座跨渠桥梁先期开展建设,建设主体和施工单位愈加多元,协调难度越发增大。整个郑州段参建单位特别多,施工、设计、监理、安全监测等单位数量多达180多个,单独沟通、分类指导的常规方法有时候无法替代整体安排、全面部署、统一宣讲的工作方式,河南省南水北调建管局郑州建设管理处经常召开建管例会,参会人数常常都在 300 人以上,熙熙攘攘,气氛形同集市,每次都需要专门安排会议场地。郑州段拆迁工作量大,专项拆迁任务重,如电力、通信、供水、污水、雨水、热力、油气等各种管线错综复杂,与之相关的拆迁项目多达 1000 多个,协调任务特别繁重。这些管线绝大多数不能阻断,需要降低高程从南水北调干渠下面穿越而过,这些项目完工后,上部干渠工程方能施工,这不但增加了不同产权单位协同配合的难度,也考验了不同设计和施工主体的协作水准。

河南省南水北调建管局郑州建管处处长余洋为这些协调任务日夜奔忙,常常是焦头烂额,筋疲力尽,吃住在办公室和施工现场。他和同事们既要抓工程各标段施工进度,又要抓施工安全,还要抓施工质量,甚至监督管理现场重点技术装备的运转状态以提高施工效率。施工现场一堆堆老问题解决掉了,就像割韭菜一样,随着工作进展又有一批新的问题齐刷刷生长出来,永远有问题有困难有矛盾在等待着他、呼唤着他。余洋回忆当年(2023 年 2 月 22 日,访谈人婴父、刘方明),颇为动情。他家住郑州经开区"福塔"之下,家与工作地点均在郑州市域,通勤半径不过十几公里,最多数十公里,但施工高峰期的 2012 年,根据妻子的精准统计,全年包括春节在内,余洋只回家 11 次,每月平均不足 1 次,每次平均不足 24 小时。有人夸奖余洋学到了大禹治水三过家门而不入的精神,他妻子嗔怪应对说:"哪里只是三过而不入,他差不多都忘了还有这个家!"

余洋曾先后在南水北调建管局安阳建管处、焦作建管处负责,在这些先期开工的区段内南征北战。南水北调干渠郑州段开工时,他奉调回郑勇挑重担,主抓这段重中之重的工程。当年整个南水北调工程业内流传着这样一句话:"中线工程看河南,河南工程看郑州。"——郑州段内既有技术难度达到天花板级的穿黄工程,又有大量施工环境复杂程度达到最高段位的横穿都市的重点标段,这句话的含义不言自明:大家把郑州段视为中线工程潜在的制约因素,对能否顺利推进,心存疑虑,拭目以待。余洋和同事们日日夜夜艰苦奋战的结果是,这句话的意涵发生了一百八十度的逆转——大家把郑州段干渠工程称赞为全省乃至整个中线工程的标杆和范式。郑州段内最后开工的标段比安阳、焦作、新乡等地开工时间晚了3~6年,但郑州段全线则先于以上各地,在安全优质的前提下率先完工。"没有金刚钻,不揽瓷器活",大家不能不对余洋团队心服口服,刮目相看。

余洋从开始介入南水北调工程到完工收尾,恰好是儿子从刚进小学到高中毕业整个基础教育阶段,这期间他一次也没有参加过孩子的家长会,家庭与学校的交流沟通永远是妻子一人承担。就校方感受而言,孩子如同处于准单亲家庭,余洋为此深感歉疚,儿子对此也耿耿于怀,十分不爽,但儿子对父亲的敬业态度看在眼里、敬在心中,对水利工程也产生了浓厚兴趣。参加高考,成绩超过一本分数线28分,有资格挑选省内任何高校任何专业,但儿子不顾老爸劝阻执意填报华北水利水电大学土木工程专业,希望将来能做一个父亲的同行——最后儿子如愿以偿。这是儿子以一种子承父业的方式向父亲致敬,他从南水北调干渠的粼粼碧波中,看到了父亲的淋漓汗水和专业骄傲,也找到了自己的职业取向。现在儿子已经大学毕业,就职于河南省某水利勘测设计单位,开始像父亲当年一样,天天加班,进入日夜兼程状态,父子很少见面。余洋笑呵呵地说:"好哇,忙了好哇,越忙越好——说明水利事业还在大干快上,快速发展!"

郑州城市水厂以上与干渠相连的各种配套工程是南水北调工程的重要组成部分,内容包括7座泵站、7座分水口门、4座调蓄水库、10座水厂,输水管线100公里,其中穿越城市建成区70公里。工程穿越铁路9次、高速公路6次,穿越河流24条、公路132处、城市管线165处、军事设施18处。这些配套工程与南水北调干渠工程密切关联,郑州市规划、城建、市政公用系统日夜兼程,及时跟进建设,为南水北调工程效益的充分利用、尽早受惠创造了物质条件。

南水北调中线工程中最为神奇的项目是主干渠郑州段穿越黄河工程——它从黄河的腰身之下悠然而过,跨越时空界限使长江、黄河在这里立体交汇。它既是南水北调关键性工程,也是人类历史上最宏大的大江大河穿越工程。隧洞是整个南水北调工程中施工难度最大、技术含量最高的建筑物,工程设计采用平行布置的双洞结构——穿黄工程的主体由黄河河床底部50米至35米处的两条隧洞组成,单洞直径7米,全长4250米,双洞中心线相距 28 米,在河床下 40 米的深度穿过黄河,误差不到 5 毫米,实现了大直径、长距离、一次性河底穿黄成功,在国内填补了空白。为适应黄河游荡性河流与淤土地基条件的特点,穿黄工程开创性地设计了具有内外双层衬砌的两条内径 7 米、长达 4 公里多的隧洞,外层衬砌为拼装式管片结构,内层衬砌为预应力钢筋混凝土结构,两层衬砌之间由透水垫层隔离,内外衬砌分别承受外部和内部水压,这种结构形式无论国内还是国外均属首创。穿黄工程采用修建地铁的盾构作业方式穿越黄河,在国内也是前所未有。穿黄双线隧洞还开创了我国水利水电工程水底隧洞长距离软土施工的新纪录,并成为教科书级别的范例。

穿黄输水隧洞具体施工程序是:首先在黄河南北两岸各建一座深达 70 多米(23 层住宅楼的高度)、内径近 20 米的竖井,然后将盾构机安放至掘进口的位置开始挖掘,泥土沙石随之排出,施工人员给挖好的隧洞安装预制钢筋混凝土管片,然后加固灌缝,最终贯通全程。穿黄工程由中铁隧道集团葛洲坝集团项目部承担,以诸多创新技术克服了一个又一个世界性难题,高质量地完成了被业界称为集“高、精、尖、难、险”为一体的世纪工程。穿黄工程实施过程中也曾出现过疑难接踵、险象环生的时刻,有些突如其来的问题甚至让专家猝不及防、措手不及,一度出现过长达半年的停工期,整个工程处于休战状态,工程难度可见一斑。

隧洞工程 2005 年 9 月开工,2010 年 3 月竣工。2013 年 8 月 9 日南水北调中线穿黄退水洞工程顺利贯通,穿黄工程又取得重大进展。穿黄退水洞是南水北调中线施工的控制性工程之一,其主要功能是在穿黄隧洞检修期间,将总干渠多余水量排往黄河,同时,它还兼有向黄河补水的功能——通过穿黄工程南岸分水闸给黄河补水,给黄河增加流量。它可以结合黄河调水、调沙等工程实行联合运作,以补充长江清水的方式稀释泥沙、冲刷河床。在黄河因季节性原因出现断流时可以及时补水,给黄河增添生命活力。退水洞工程主要由进出口建筑物和退水洞洞身组成,洞身长度 790 米。该工程 2007 年 6 月底开工建设,由于地质条件极为复杂,退水洞开挖时先后发生 3 次较大的支护变形和 8 次严重塌方。在洞身开挖 73 个月的艰苦历程中,建设者克难攻坚,因应险象不断创新,通过采用管棚注浆法施工,进出口双向掘进,最终安全贯通,实现了工程设计目标。

南水北调干渠的水流在坡度平缓、尺度宽舒的渠道中一路北行,碧波荡漾却宁静无声,雍容典雅,走到孤柏嘴开始翻身进入下穿状态,渠水激荡着洞口,开始发出欢悦喧腾之声,这是一种有史以来世间从未出现过的动人心魄的声音,仿佛这些来自史前时期炎帝部落生息之地的水分子们知道它们来到了黄帝部落的大河身旁,它们激动地呼唤对方的名字,响亮地喊出问候:黄河黄河,我是长江!当长江水通过退水洞进入黄河身体时,两条中华民族的母亲河便你中有我,我中有你,彻底融为一体了。

南水北调穿黄隧洞位于郑州市区西北方向 40 公里处,黄河南岸入水口的具体位置在荥阳王村孤柏嘴。孤柏嘴是一个古老的地名,因孤柏岭而得名。孤柏岭西连虎牢关,东接飞龙顶,再往东就是当年王仁民等人开创的黄河游览区(今称黄河文化公园)一带。面向黄河,背靠广武群山。据传汉朝之前,孤柏岭上就有一株独立不倚的巨大古柏,其干如虬,其冠如盖。当年刘邦项羽楚汉争雄、天下未定之时,刘邦曾在树下避雨。又传说当年秦王李世民曾在此处偷袭窦建德军营,也曾在树下避雨——中国历史上汉唐两位最著名的皇帝都曾在这里"避雨",情节相似度太高,民间文学如此构思无非是极力突出这株古柏高大威猛、枝叶繁密的形象,同时也说明郑州地区黄河沿岸汉唐古迹丰富,值得探寻造访。古县志记载说李世民曾夸赞此树为"千岁灵根"。"古柏荫雨"后来名列汜水十景(此地曾归属旧汜水县)之中。《宋史·河渠志》中记录过关于孤柏岭的故事,可靠史实,并非虚构——宋神宗熙宁四年(1071年),因为汴河河口(当年的引黄水利工程)水浅而淤塞,有位名叫应舜臣的官员(地位略等于今天的国家发改委副主任)奏议说应在黄河岸边新开河口,位置在孤柏岭下(即今天穿黄工程起点处)。《宋史》载:"有应舜臣者,独谓新口在孤柏岭下,当河流之冲,其便利可常用勿易,水大则泄以斗门,水小则为辅渠,于下流以益之。安石善其议。"安石即宋代著名改革家王安石,查史料可知,应舜臣属个性官员、耿介之士,与王安石政见不合,连王安石这位"拗相公"都充分肯定他的建议,足以证明这个建议的合理性、可行性。经过黄河水上千年不断地摆动冲刷切削,孤柏岭的主体已不复存在,踪影难觅,其位置已处在现今的河床滩涂之内,但因之得名的岭下黄河节点位置"孤柏嘴"与古渡口"孤柏渡"之名却传续至今,宛然可见。宋代水利工程的选址与今天南水北调工程选址一致,巧合耶,定数耶?

穿黄隧洞就处在这样一个历史地理和现实生活的节点上。一个名称叫作"南水北调中线工程穿黄管理处"的机构坚守这个时空节点,日夜惕厉,全力保障穿黄隧洞的运营安全、流量调节和水流监测。每到有人参观来访时,出面接待、讲解的任务常由管理处综合科长杨卫承担。这位个头儿不高、笑盈盈的年轻人毕业于郑州大学水利与环境工程专业,大学毕业就进入南水北调施工企业,在工程中经受了锻炼,增加了才干,也收获了爱情。黄委会的第三方检测机构负责工地建材的技术检测,其中有位郑州姑娘工作认真热情,杨卫又负责工地材料送检工作,两人志趣相投擦出火花,很快成婚,组建了工地家庭。工程完工后杨卫由施工企业转入运营管理机构,成为穿黄管理处工作人员。回忆往事,谈及妻子和两个儿子,杨卫抑制不住满满的幸福感(2022 年 10 月 9 日,访谈者婴父、虎建勋、薛丰年),他庆幸自己有机会参与南水北调工程,如果没有意外,他今后的职业前景大概率会与南水北调不离不弃。从一而终的爱情难能可贵,从一而终的职业何尝不是?干渠带来的氤氲之气和黄河河床上吹过来的清爽之气让杨卫天天如沐春风,360 度视角的河山壮丽又让他日日如临超级景区,但他依然感到巨大的压力:他看守的设施事关国家战略全局,事关长远发展,事关人民福祉,事关上亿人的日常生活,责任之重,重如泰山。要保证工程安全、供水安全、水质安全,就必须以身相许,以命相搏。

南水北调穿黄工程施工难度挑战极限,南水北调的拆迁移民安置强度也是国内外所罕见。郑州市承担了丹江口库区移民1.8 万多人的安置任务,为他们提供新的生产生活条件,是郑州南水北调工作的另一项主要内容。据当年的郑州南水北调办公室移民处处长景建国介绍(2023 年 2 月 20 日,访谈者婴父、党华),按照省委省政府提出的“四年任务两年完成”的目标要求,为了让移民“搬得出、稳得住、能发展、可致富”,郑州市在中牟、荥阳等县市高质量建设了 22 个移民新村——这些新村的选址均靠近城镇、靠近交通干道、靠近工业园区,具有发展工业、农业、养殖业和服务业的条件。郑州移民安置机构在全市各有关部门的支持下,以“不掉、不漏、不伤、不亡一人”的标准,平安顺利完成安置任务。当初为了掌握南阳淅川移民的利益诉求,搞好他们和郑州规划迁入乡(镇)的谈判对接,景建国和同事们一次又一次往返于郑州、淅川之间,一来一回 800 公里,常常是凌晨出发,赶到目的地后抓紧开展工作,三更半夜再掉头赶回郑州,连夜将有关情况报告上级领导,分析研究后确定对应政策,第二天重新赶往淅川,反馈信息,开展新一轮工作。有时候整天下来连吃饭的时间都没有,所以他们凌晨出门时一定要吃上些“硬食”(景建国和同行者发明的词语,意思是耐饥的食物,吃下去可支撑一天）——没有人喜欢疲劳作战，没有人偏爱黑夜赶路，但一旦工作急需，他们会毫不犹豫，欣然接受，身体力行。经过艰苦细致的群众工作和科学合理的规划运筹，1.8万名移民个人意愿都基本得到满足，郑州市各级政府为这些背井离乡的迁徙者提供了优质的家园环境。结合郑州征地拆迁标准的实际，在上级划拨资金不足的情况下，郑州市财政为移民安置增加拨款10多亿元。让移民群众住上了比当地群众更好的屋舍，种上了比周围更好的田地，过上了比迁徙前更好的日子。移民新村的村民依然保留了老家的村组建制，亲族依然相守，旧邻照旧相傍，移民新村的名字甚至沿用淅川原先的村名。如今这些来自汉水之滨、操着异乡口音的外来户，虽然"方言岛"依然存在，但他们早已习惯和融入了黄河岸边的新生活，转型成为地域区划和心理认同双重意义上的"新郑州人"。2012年省委省政府表彰南水北调丹江口库区移民迁安工作先进单位和个人，景建国荣记一等功。这是和平时期省级政府有权颁授给工作人员的最高荣誉。他谦逊地说，个人的贡献与南水北调移民安置工作的巨大成功相比是微不足道的，他是代替大家领受荣誉，功劳属于郑州全体南水北调工作者！

伟大的实践孕育产生了伟大的精神，河南省社科院课题组将南水北调精神归纳为四句话十六个字："大国统筹，人民至上，创新求精，奉献担当"——南水北调是国家工程、世纪工程，党中央数十年统筹谋划，持续推进，体现了社会主义集中力量办大事的政治优势、制度优势,此为"大国统筹";南水北调的总体谋划,目的是改善水资源配置,满足人民群众对美好生活的向往,工程实施中尊重和发扬人民群众的首创精神,在移民征迁工作中,始终把移民群众的利益和安危冷暖放在心上,"视移民为父母,为移民当孝子",此为"人民至上";作为一个规模浩大、艰巨复杂的系统工程,从设计到施工,从施工到运营,全程贯穿了高度负责、求真务实、开拓创新、精益求精的精神,此为"创新求精";数十万移民群众舍小家为大家,不怕牺牲、无私奉献,广大移民干部、工程建设者甘于奉献、顽强拼搏、勇挑重担,此为"奉献担当"。这个概括,既适用于南水北调中线工程的总体,也同样适用于南水北调工程的郑州区段。

2014年9月20日,南水北调总干渠开始充水,9月21日,丹江水奔流300多公里通过人造河床、涵洞与管道一路北上流入郑州市域,来自长江流域的丹江水第一次进入淮河水和黄河水相互交织的郑州城下。2014年12月12日,南水北调中线一期工程全程正式通水。中共中央总书记、国家主席习近平为此作出重要指示,强调南水北调工程是实现我国水资源优化配置、促进经济社会可持续发展、保障和改善民生的重大战略性基础设施。习近平对工程建设取得的成就表示祝贺,向全体建设者和为工程建设作出贡献的广大干部群众表示慰问。

郑州有南水北调工程的奉献之功,更是南水北调效益的受益之城。2010年前后,郑州市水资源总量13.23亿立方米,人均

西流湖边的南水北调干渠（钢笔淡彩画）　绘者：田志

水资源量只有 152 立方米,是全国人均水资源量的 1/14,是河南全省人均水资源量的 3/5,郑州是全国 300 个缺水城市之一——城市生产生活用水长期不足,农业用水严重短缺,三成多耕地仍然是"望天收"。全市脆弱的水平衡是靠牺牲环境用水、局部超采地下水、牺牲部分农业用水实现的。郑州市补充水源的基本工作思路是:"蓄住天上水,拦住过境水,北引黄河水,南调长江水,保护地下水,开发再生水。"其中"南调长江水"一项虽然在很大程度上并非自主性动作,却是郑州"理水"的重中之重——南水北调工程的兴建和通水对郑州市用水结构的优化、生产力的合理布局、经济社会的稳定发展、生态环境的改善、根本解决郑州的"水安全"问题具有重大作用。

按照南水北调中线工程初步设计中的干渠线形线位,干渠由许昌市域进入郑州市域后穿过新郑直接向西北方向进入二七区,而后一路北上到达黄河南岸,通过隧洞越过黄河进入新乡市域。规划设计方案征求意见时,郑州市政府市长、首任郑州市南水北调中线工程领导小组组长王文超把目光投射到塔吊林立、处于起步阶段的郑州航空港经济综合实验区。据王文超回忆(2023 年 1 月 17 日,访谈者婴父、齐岸青、顾万发),航空港区偏居南水北调线路以东,远离线位,和调水工程没有直接关系。航空港区规划中的水源解决方案主要是依靠黄河调水与地下取水。为了统筹郑州都市区发展全局,给航空港区解决优质水源,郑州市委市政府提出优化南水北调干渠入郑后选线方案的意见,各有关单位抓住时机积极开展工作,争取国、省两级主管部门的支持,最终调整了干渠规划走向,使干渠在新郑境内改向东进,沿逆时针方向绕了一个半径 10 公里的半环,从航空港区中心地带逶迤而过,让航空港区成为优先受水区域。

郑州航空港经济综合实验区是迄今国务院批准的全国唯一的国家级航空港经济区,也是中央支持的中欧空中丝绸之路的国内枢纽,在河南全省和郑州城市未来发展中的地位举足轻重,对郑州市推进改革扩大开放、发展临空经济、改善产业结构、增强"铁、公、机"一体化交通枢纽地位、发挥国家中心城市功能等方面都具有不可替代的作用。规模宏大的航空港区和郑州主体城区南北呼应、功能互补,郑州都市区由此形成双核并进的空间结构,为郑州产业经济开辟了广阔天地。这种格局为全国独有。南水北调干渠绕行港区让港区规划总图变得水光潋滟,为航空港区长远发展提供了充裕的水源保障和强大的技术支撑条件。

2014 年 12 月,柿园水厂水源改为南水北调丹江水,水质监测指标 106 项,全部达到并且多数优于国家生活饮用水标准。2015 年 5 月 29 日下午,郑州白庙水厂供水区域迎来甘甜清冽的丹江水,此前,郑州城区的刘湾水厂也已开始供给丹江水,至此,郑州主城区供水管网实现了丹江水全覆盖。日供水量 100 万立方米左右,受水人口达到 680 万人,丹江水水质始终保持地表水环境质量二类标准以上,成为郑州市区和沿线县市的主要供水水源。郑州城市水荒得到有效缓解,多家省会媒体戏称

"郑州不再喊渴"。郑州城市供水实现了真正意义上的"黄河长江"双水源,水源更加安全,水量供应更加可靠——此前,郑州市城市供水以黄河水为主,地下水为辅。南水北调通水后,城市供水转为"以丹江来水为主,少量地下水为辅,黄河水备用"的供水格局,郑州城市供水由"黄河时代"全面进入"长江时代"。

郑州市民饮用上长江水之后,用它烧水,水壶内壁的水垢不见了;用它沏茶,茶汤更加清澈明亮;用它蒸米煮面,口感更加香糯绵甜。长江水改善了千家万户的饮水质量和生活体验。南水北调配套设施的建设也使郑州市城市供水的地域格局更加合理——以往郑州市依靠北部黄河水源,所建柿园水厂、白庙水厂等均偏于城市北部中部,城南没有水源,南部片区供用水矛盾尤为突出。南水北调配套的刘湾水厂建成后,从根本上改变了南城缺水的状况,水压大幅提升,南城居民结束了水荒季半夜等水、接水望眼欲穿的困窘。过去因水压太低,燃气热水器打火困难、居民无法正常洗浴的困扰也从此绝迹。主城区不同地区、不同片区、不同社区实现了供水均衡,设施均好性、服务公平性提高,也使市民生活的幸福指数有所提升。除郑州主城区外,郑州市域范围航空港区以及新郑市、中牟县、荥阳市等也都喝上了丹江水,近千万郑州居民与整个黄淮平原暨京津冀地区人民群众实现了通水脉、同滋润、共甘甜。

南水入城后,郑州市地下水开采量大幅减少,地下水水位开始回升,据两年后专业机构的观测数值,郑州市区地下水水位平均提升幅度达两米以上。

丹江水也置换出大量的黄河水用于农业灌溉,郑州农业抗旱抗灾能力得到增强,对都市生态农业的发展提供了支持。置换出的黄河水也将更多用于生态恢复,因缺水而萎缩的湖泊类水体、水库库区也将重现生机。

南水北调干渠为城市增加了一条新的河流,清澈如玉,神圣宁静,可远观而不可亵玩。郑州市区引黄干渠两侧建成了各100米宽的生态保护绿色长廊,市区和航空港区段共计建成了60多公里长的生态文化公园,集干渠保护、生态涵养、文化传承、休闲游憩功能于一体,绿地面积约 25 平方公里,相当于 82个郑州人民公园。公园建设采用"海绵城市"理念,设置了大面积集水区,下雨时收水、蓄水、渗水、净水,需要时加以释放利用。

水是生命之源,水和空气是人类生存无可替代、无法置换的必需品。城市水脉即为城市血脉,亦为城市文脉。新中国成立以后,为改善郑州供水条件、满足城乡生产发展和居民日常生活用水需求,郑州人数十年如一日,发扬愚公移山精神,持续努力,坚韧不拔,采取了各种各样的工程措施,打井、淘泉、修渠、筑坝、挖湖、建库、引河……直到后来遵从国家战略,参与跨地域会战,实现南水北调江河交汇——如果说前者属于传统技术、常规工程的话,后者则是高新科技、超级项目;如果说前者是地方动作、区域现象、阶段化推进,后者则是国家行为、战略决策、百年大计;如果说前者是自力更生、造福一方的话,后者则是国家统筹、

南水北调渠郑州西四环大桥　摄影:婴父

　　一渠碧波穿城而过,郑州城乡路网因而增添桥涵无数。

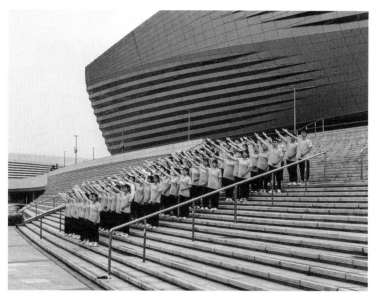

丹水大道旁的郑州奥体中心　摄影:婴父

郑州西部有条城市干道名曰"丹水大道",因南水北调工程引丹江水入郑州而得名,表现了郑州人饮水思源、铭记恩惠的品德。丹水大道旁是郑州的 CCD(文化中心区),集中新建了奥体中心、美术馆、博物馆、歌舞剧院和市民文化中心等一批各具特色的大型建筑,展示了郑州作为新一线城市在完善公共文化设施、打造优美文化生态方面的进展和追求。

地方协作,惠及亿众;如果说前者主要靠"人民战争""人海战术"的组织方式的话,后者则是专业化队伍、市场化运作、精准化实施、可持续发展……郑州人在工程实施中既是受益者,又是奉献者,在配合、支持、推进这个国家工程的过程中也实现了地方利益最大化和人民群众对发展红利的普惠共享。它让普通百姓切身感受了国家工程、国家力量与民众生活的利益关联——南水北调工程也许是有史以来国家和地区发展成就全民共享度、普惠度最高的项目。南水北调是郑州城市供水、饮水史上最精彩最重要的一个章节,这个章节处在"现在进行时"的叙事时态,相信后续还会有更加令人激动的时代华章。

笔者不计工拙,比葫芦画瓢填《水龙吟·赞南水北调中线工程》词一首,权作文末结语:

丹江水调黄淮地,浩瀚工程惊慕。亳都畏旱,汤王焦虑,桑林祷雨。今日清波,应邀而至,解民困苦。似江河互拥,双龙相戏。同声赞,来甘露!

越水穿山横渡,纵千年,丹青永续。商都城邑,牵京津冀,风中鹏举。饮水思源,众心凝聚,梦魂重铸。待中原崛起,笙歌高奏,举杯欢叙。

2022 年 10 月 1 日初稿,2023 年 2 月 26 日定稿京水河左岸,凯旋阁

本书历史信息提供者和访谈人名录

（以文中出现先后为序）

历史信息提供者

李伯谦　考古学家,国家夏商周断代工程首席科学家

梁和平　郑州市民

李文英　郑州市民

宋致和　郑州市人民政府首任市长

王钧智　曾任郑州市政府副市长、市长,郑州市革委会副主任

朱翔武　曾任郑州市委常委、统战部部长

李秀英　郑州市民

杨国权　高级建筑师,曾任郑州市建筑设计院总工程师

张书辰　曾任郑州市柿园水厂副厂长

王　辉　曾任郑州市委第一书记、市革委会主任

王双梅　引黄入郑工程参与者

李欣岭　引黄入郑工程参与者,《邙山宏图》主编

王和平　王辉女儿,解放军联勤部队某医院医生

李宝光　曾任河南省委书记兼郑州市委第一书记

虞晓明　郑州市雕塑壁画院副院长

余　洋　河南省南水北调建管局郑州建管处处长

杨　卫　南水北调穿黄工程管理处综合科科长

景建国　郑州南水北调办移民处处长

王文超　曾先后担任郑州市政府市长、郑州市委书记

访谈者

婴　父　　党　华　　李　珣　　陈宗铭　　刘方明　　程素萍

于德水　　徐顺喜　　朱宝山　　王　力　　郭　莉　　武克华

李洪福　　杨沪生　　曹新力　　郭振华　　刘荣增　　王铁岭

赵国强　　徐晓娟　　张松正　　虎建勋　　薛丰年　　齐岸青

顾万发

参考文献

文章

《河南日报》《郑州日报》相关报道

曹弃疾:《叶公主政八年》,《郑州文史资料》,第三辑,1987

郑蓝云:《开元寺门前的神井》,《管城文史资料》,第二辑,1990

郑象乾:《砖牌坊街杂摭》,《管城文史资料》,第二辑,1990

孙侃:《郑南逐鹿亲历记》,《郑州文史资料》,第十四辑,1993

周政:《珍贵的岁月》,《郑州晚报老报人回忆录》,1994

王钧智:《邙山提灌站与黄河游览区》,《郑州文史资料》,第十九辑,1998

王仁民:《我与炎黄二帝巨塑的情怀》,《郑州文史资料》,第三十辑,2009

于明:《邙山提灌站建设纪实》,郑州党史网,2011

江汉贞:《1965:在香港秘密会见姐姐吴健雄》,《上海滩》,2012,第4期

杜金鹏:《夏商都邑水利文化遗产的考古发现及其价值》,《考古》,2016 年,第 1 期

王辉:《我在郑州工作期间的若干回忆》,《河南文史资料》,2020,第 3 期

李宝光:《加快省会郑州的改革与发展》,《河南文史资料》,2020,第 6 期

图书

《嘉靖郑州志》

《乾隆郑州志》

《民国郑县志》

《民国续安阳县志》

《民国太康县志》

《民国重修邓县志》

花园口乡方志编写组:《郑州市郊区花园口乡志》,油印本,1984

郑州市水利局:《郑州市水利志》,内部发行,1985

陈留美:《黄河游览区志》,油印本,1988

刘晏普等:《当代郑州城市建设》,中国建筑工业出版社,1988

郑州市邙山区地方史志编纂委员会:《邙山区志》,中州古籍出版社,1994

郑州市地方史志编纂委员会:《郑州市志》,中州古籍出版社,1997

赵锐:《吴健雄》,江苏文艺出版社,1999

王仁民:《大河魂》,黄河水利出版社,2000

郑州市外事办公室:《郑州市外事志》,内部印行,2002

中国建筑设计研究院:《建筑师林乐义》,清华大学出版社,2003

文思:《我所知道的冯玉祥》,中国文史出版社,2003

李宝光:《李宝光诗词楹联作品集》,作家出版社,2003

郑州市建设委员会:《郑州市建设志》,中州古籍出版社,2005

周运河等:《东周村史志》,内部印行,2007

张清献:《冯玉祥在郑州》,中州古籍出版社,2008

河南省炎黄文化研究会:《开拓》,河南人民出版社,2009

吴裕成:《中国的井文化》,中国国际广播出版社,2010

陈隆文:《郑州历史地理研究》,中国社会科学出版社,2011

郑州市政协文史资料委员会:《老郑州印象·城建卷》,2012

宋元明:《西岗村志》,内部印行,2014

于革等:《郑州地区湖泊水系沉积与环境演化研究》,科学出版社,2016

郑州市南水北调办公室:《郑州市南水北调和移民志》,黄

河水利出版社,2016

　　赵川:《我的南水北调》,郑州大学出版社,2016

　　郑州市档案馆:《郑州解放》,中国文史出版社,2017

　　蔡建生等:《那时,我们还年轻——纪念郑州郊区五七青年农场46周年》,内部资料,2017

　　刘道兴等:《南水北调精神初探》,人民出版社,2017

　　刘正才:《南水丹心润中原》,河南文艺出版社,2017

　　郑州市地方史志办公室:《西流湖街道志》,中州古籍出版社,2018

　　郑州市地方史志办公室:《古荥镇志》,中州古籍出版社,2018

　　太仓市政协学习和文史委员会:《吴健雄纪念文集》,江苏凤凰文艺出版社,2018

　　申伏生:《红旗渠精神历久弥新》,大象出版社,2019

　　詹子庆:《夏朝》,上海科学技术文献出版社,2020

　　窦可:《吴树华雕塑》,河南美术出版社,2020

　　婴父:《二七塔——一座城市的精神造像》,河南文艺出版社,2021

　　侯全亮:《家国黄河》,河南科学技术出版社,2022

后记

时光刻度上显示，恍然之间，人类进入 21 世纪已有 23 个年头了。"逝者如斯夫，不舍昼夜。"

20 世纪的最后一个夜晚，我是在嵩山脚下的千年古刹中度过的。我端坐在少林寺中观礼者的座席上，观看了僧众们按照宗教仪轨举办的长达 4 个小时的吉祥大法会，诵经之声，不绝于耳。2000 年 1 月 1 日零点，少林钟声响彻夜空，传音天外。各界人士一个个交替趋前，怀着兴奋而虔诚的心情，抱着悬起的撞木，果断发力，撞向黑青色铜钟的钟身。钟声响了 108 次，声波迭起，震荡中岳，宣告一个时段的结束和一个时段的开启。凌晨时分，当地两千多名群众和郑州有关人士肩扛红旗、手执电筒，寻路登上少室山巅，举行"迎接新世纪第一缕曙光"典礼——这是全国统一筹划、各地分别在标志性风景名胜区组织的大型文旅活动。我在羽绒服外又加裹了件军大衣，跻身其中——时值严冬，哈气成冰，山顶上寒风凛冽却又是热气腾腾，聚集的人群中不断传出嬉闹之声，有一种参加族人或朋友婚庆的那种喜乐氛围。人们对参与这个立意浪漫但内容略显空洞的仪式活动表现了莫名的巨大热情。这不能不说是当年社会大众心态的一种折射。20世纪最后一个十年中,"新世纪"作为一个词语在汉语中高频使用,成为一个滚烫的热词。人们对即将到来的21世纪充满渴望,酝酿了太多的梦想,设置了无数的期待,赋予了奇幻的色彩,恨不能一步跨入新世纪的门槛,而对即将逝去的20世纪好像毫无留恋之心,急欲作别,"挥一挥衣袖,不带走一片云彩"。

20多年过去了,回望历史,深感自己的心境已截然不同。世纪划分不过是时间轨道上一个淡淡的标线,新世纪与逝去的上一个世纪无缝衔接,并无本质区别,并不前后割裂。新世纪呈现的一切都不过是上世纪的延伸和衍生。上个世纪发生的事件仿佛更容易引发自己的情感波动,回忆当时自己的亲身经历时或在阅读上世纪历史叙事时,常常激动不已,每每受到强烈震撼。20世纪是中国制度剧烈变革、社会多次转型、从闭关锁国积贫积弱走向改革开放繁荣富强的世纪,因而也是中国历史上最伟大的世纪。20世纪上半叶王朝倾覆、民国创制、军阀混战、外寇入侵、内战经年,国人在动荡和贫困中历经磨难、备受煎熬;20世纪下半叶进入五星红旗高高飘扬的新时代,无论是整个国家还是身边郑州这座中原古城都发生了翻天覆地的变化。这个时段,无论是风和日丽、风平浪静,还是风大浪高、风诡云奇,总有一批优秀的中华儿女不忘初心、坚守理想、尽忠职守、依靠民众、排除万难,把各项事业不断推向前进。他们善谋事、会干事、能成事,总能在十分困难的条件下,开拓进取,创造性地开展工作,有所建树,甚至大展宏图。从世纪初到世纪末,郑州城由一座"苦水城"(全城民众长期饮用苦水)、"丐帮城"(3/10 城市人口以行乞为生)、"瓦砾城"(受到日寇多次高烈度轰炸,火车站和重点公共建筑、城墙、民房均受到颠覆性破坏)、"敌特城"(新中国成立前敌方军、警、宪、特人员占全市人口约 1/10)进步为新中国举足轻重的"绿城""枢纽城""轻纺城""商贸城",成为河南"第一城"、中原经济区"核心城",并为进入 21 世纪以综合经济实力很快晋升国家中心城市、因产业结构提升成为"汽车城""航空城"奠定了坚实基础。这些巨大成就的背后,隐藏着一个又一个曲折跌宕的故事情节、趣味横生的鲜活细节,隐藏着一位又一位英豪俊杰、贤士达人,他们解放思想、实事求是、艰苦奋斗、与时俱进的精神,是 21 世纪我们必须薪火相传的宝贵财富——作为郑州市民,我想向他们、向他们的团队躬身致礼,愿意用手中的笔和电脑前的键盘表达我的由衷敬意——20 世纪波澜壮阔、高潮迭起的社会生活是一座富矿,能够为我们可能展开的历史叙事和文学叙事提供取之不尽、用之不竭的资源——不必挖空心思虚构,不用添油加醋煽情,随便找一个切口入手,你就能顺藤摸瓜、抽丝剥茧,牵出一串故事,梳理出一个专题,生产出一个城市文化研究或文学艺术创作的产品,但长期以来,我们对这些宝藏缺少发现、疏于发掘、吝于发布,这座具有深厚历史文化内涵的城市因而显得性格平庸、眉目模糊,不少人久居郑州却对郑州故事一无所知，对这座熟悉的城市有一种陌生、疏离的迷茫和无奈。世界上没有无缘无故的爱，我相信，大家只有对这座城市的发展史和文化个性有了足够的了解，才会在时空伴随中更加认同、欣赏和信赖这座城市，真正形成归属感和主人心态，才能在现实生活中与这座城市同频共振、相互依存、共生共荣。

基于以上认识，近年来笔者一直对研究、爬梳郑州近现代史上的重大事件、重要人物、重点项目保持着用心、用功的状态。通过"六路并进"——资料搜集、文献比对、田野调查、口述史研究、影像记录与表现、采集综合专家学术意见等方法进行非虚构文学写作，力求通过扎扎实实的工作在讲述、讲好郑州故事方面不断有所进展，形成耐得起推敲、经得起质疑的文字成果，酝酿出具有眼球吸引力和良好市场反响的大众读物——东拼西凑、道听途说、似是而非、语焉不详、没有出处、粗制滥造的历史叙事是毫无价值、遭人厌弃的。我希望自己能做得稍好一点儿。《水龙吟》的写作是这个非虚构序列计划中的又一次探索。从郑州城市饮用水水源和饮用水工程问题切入，纵向剖解展示百年来郑州水源的来龙去脉、人居环境的演进变化和郑州人为了改善生存环境所付出的艰苦努力。城市的水资源、水环境、水生态、水安全问题是城市长治久安、可持续发展的第一要务，每一位城市居民与之尽皆有关。"水者，人之所甚急"。相信人们对这个民生关联度较高的选题一定会有了解和阅读的兴趣。

236

笔者在依循口述史研究的方法采集历史事件当事人、见证者个人记忆的过程中,深感抢救性发掘、抢救性采访的重要和急迫。重大历史事件时过境迁,三五十年后再寻相关人士登门拜访请教,这时候你会后悔自己心动过缓、行动太迟:时光漫漶,他们的记忆会模糊不清、张冠李戴、褪色失真,有价值的信息会在不自觉中大量流失。一些当事人和见证者年事已高,他们在时光飞逝中渐渐老去,纷纷凋谢离世,这会成为你心中永远的痛,也使很多历史事件的细节成为无法破解的秘密。这是个无法弥补的损失。

说到这里,我必须追怀一下杨国权先生。杨老在新冠疫情已经败退的 2023 年 1 月染病去世,让我深感悲痛。他 1931 年出生于建筑世家,70 年前同济大学毕业后来郑工作,为郑州建设和发展贡献了毕生精力,做出了不可替代的贡献。退休前是郑州市建筑设计院总工程师、国家有突出贡献专家、教授级高工。他数十年间活跃在郑州建筑设计领域,是二七纪念塔结构设计负责人,主创建筑包括嵩山饭店主楼等,参与设计的项目包括黄和平大厦、少林演武厅、花园口引黄新五坝、金水河水上餐厅等(多为不同时代的地标建筑),是郑州建筑界的耆老人物。他擅长加彩钢笔速写,被著名建筑学家彭一刚院士称为“钢笔国画”。20 世纪 80 年代他与钱学森先生通信交往,互寄论文,探讨学问,一时传为佳话。鲐背之年,他依然精神矍铄,不断有丹青新作。我与杨老结识 30 余年,堪称忘年之交,在他那里受教多多。《二七塔——一座城市的精神造像》一书的写作,他是受访者之一，他作为当事人提供了重要的历史信息；这次《水龙吟》的写作，又得到他的大力支持，他提供了有关项目的手绘图纸，我到他文化宫路家中拜访时，他还回忆还原了吴健豪先生初到郑州时的生活场景，所述细节弥足珍贵。他家南窗之下有他亲手移植的蜡梅，数十年间长成巨株，气势足以称雄郑州。他约我雪花纷飞的季节再到他家赏梅迎春，没想到蜡梅绽放、满庭暗香时，他却不告而别，悄然离去。因为疫情管控的原因甚至没能送他一程，这让我痛心如锥，情何以堪！本书出版后，我或可再访杨家，在先生遗像前焚一册书、奠一杯茶，于天地感应中接续我们的心灵交流。

在本书即将付梓前，我还有满满的谢意需要表达：

于德水先生提供珍贵图片，甄选摄影作品；董肃梅女士为本书收尾词《水龙吟》订正平仄格律，为我救止乖谬；石战杰先生审定方言词汇，提供杭州市情咨询；齐岸青、梁远森、张松正先生和王海燕女士协调、联络采访线索；胡启龙君对书中全部影像图像资料逐一调整、制作。河南文艺出版社社长许华伟先生和总编辑马达先生对本书选题给予大力支持；本书策划党华女士对书稿结构和内容都提出了宝贵意见，并且参与部分采访工作，为本书的写作和顺利出版提供全程助力。

希望本书没让大家失望。

婴父

2023 年 2 月 26 日，西流湖畔，后乐堂